U0527294

常见民商事速裁类案办理手册

主编／张应杰
编著／深圳市中级人民法院速裁庭

Trial Handbook on Commonly Similar Civil
and Commercial Cases
for Expedited Procedure

人民法院出版社

图书在版编目（CIP）数据

常见民商事速裁类案办理手册 / 张应杰主编； 深圳市中级人民法院速裁庭编著. -- 北京：人民法院出版社，2022.5

ISBN 978-7-5109-3312-7

Ⅰ. ①常… Ⅱ. ①张… ②深… Ⅲ. ①民事诉讼-审判-案例-中国-指南 Ⅳ. ①D925.118.24-62

中国版本图书馆CIP数据核字（2021）第211766号

常见民商事速裁类案办理手册

张应杰　主编
深圳市中级人民法院速裁庭　编著

责任编辑	周利航
出版发行	人民法院出版社
地　　址	北京市东城区东交民巷27号（100745）
电　　话	（010）67550691（责任编辑）　67550558（发行部查询）
	65223677（读者服务部）
客 服 QQ	2092078039
网　　址	http：//www.courtbook.com.cn
E – mail	courtpress@sohu.com
印　　刷	河北鑫兆源印刷有限公司
经　　销	新华书店
开　　本	787毫米×1092毫米　1/16
字　　数	290千字
印　　张	22.25
版　　次	2022年5月第1版　2022年5月第1次印刷
书　　号	ISBN 978-7-5109-3312-7
定　　价	78.00元

版权所有　侵权必究

常见民商事速裁类案办理手册编辑委员会

主　　编：张应杰
副 主 编：黄志坚　胡志光
执行主编：吴心斌　朱　珠　王　畅
撰 稿 人：李凤麟　黄振东　翟　墨　何　溯
　　　　　彭　琛　刘欢飞　黄瑜瑜　卢艳贝
　　　　　张　泽　孔卫新　陈　凯　赵明升

序言 PREFACE

"速"扬风帆奋进时

习近平总书记在2019年中央政法工作会议上指出,"要深化诉讼制度改革,推进案件繁简分流、轻重分离、快慢分道"。人民法院作为社会矛盾纠纷化解的重要参与者和承担者,纠纷解决的快与慢、好与坏,直接反映了法院司法办案能力和水平。实施繁简分流改革,推动实现案件快慢分道、简案快审,是破解法院"案多人少"矛盾,推动办案提质增效的重要方式,也是新时代更好地满足人民群众优质高效解纷需求,增强群众司法获得感幸福感安全感的必然选择。

"事之当革,若畏惧而不为,则失时为害。"改革和创新是深圳的根和魂,深圳法院一以贯之重视改革和创新工作。近五年来,深圳法院共办结案件241.6万件,平均每年增长20%以上,法官人均结案数由2017年的385件上升到2021年的466件,案件总量持续大幅上升,长期保持高位运行。2016年5月,深圳法院以"当排头,作示范"为目标,对标最高最好最优,优化资源配置,重整案件流程,形成了全口径覆盖、系统性分流、标准化速裁的工作体系。2017年7月,深圳法院被最高人民法院确定为案件繁简分流机制改革示范法院。

习近平总书记在党的十九大报告中指出，"历史只会眷顾坚定者、奋进者、搏击者"。2020年2月，深圳法院再次被最高人民法院确定为全国法院民事诉讼程序繁简分流改革试点法院。深圳法院接续奋斗，通过完善繁简识别机制、优化庭审和裁判文书简化机制、健全电子诉讼规则等一系列创新举措，在制度建设、司法资源配置、审判质效提升等方面又上新台阶。

五年间，深圳两级法院通过速裁审结民商事案件近73万件，占全市民商事案件总结案数的56.49%，人均年结案数由2017年的900余件上升到2021年的1040余件，真正实现案件办理快慢分道，"简"出深圳法院办案加速度。在推动案件快裁速办的同时，积极推动阳光司法，连续开展"千场直播、当庭宣判""万场直播、当庭宣判""天天直播、当庭宣判""千场在线集中宣判"活动。2017年以来，深圳法院共开展庭审直播27.4万场，累计庭审直播观看量5.5亿余次。深圳两级法院审理的民商事速裁案件中，共有7场庭审直播的在线观看量超过百万人次，约60%的案件当庭宣判。繁简分流与司法公开的交相辉映、融合互促，较好地迎合了新时代司法公开公信的民意期待。"庭审直播、当庭宣判"已然成为深圳法院具有一定影响力的阳光司法名片。

"徒善不足以为政，徒法不能以自行"，法律的生命在于实施。《常见民商事速裁类案办理手册》一书，是深圳法院着眼于简案快审，为提高司法办案效能而编写。本书共十四章，每一章均以司法实践为导向，紧密结合深圳法院繁简分流和速裁工作实践，紧扣不同类型案件审理要点及裁判理由，着重从实务角度为读者提供可操作指引，对审判实务具有一定的参考和借鉴价值。诚挚希望读者朋友提出宝贵意见！

张应杰
2022年5月

凡例 COMMON PRACTICE

本书中列举的法律、行政法规、部门规章、司法解释、地方性法规等在文中重复出现次数较多，为求行文简洁，仅在每章第一次出现时标明公布及施行日期，并在此凡例中一并列举，供读者检索。

《中华人民共和国民事诉讼法》（2021年12月24日修正　2022年1月1日施行）

《中华人民共和国道路交通安全法》（2021年4月29日修正）

《中华人民共和国民法典》（2020年5月28日公布　2021年1月1日施行）

《中华人民共和国城市房地产管理法》（2019年8月26日修正　2020年1月1日施行）

《中华人民共和国劳动法》（2018年12月29日修正）

《中华人民共和国公司法》（2018年10月26日修正）

《中华人民共和国旅游法》（2018年10月26日修正）

《中华人民共和国电子商务法》（2018年8月31日公布　2019年1月1日施行）

《中华人民共和国保险法》（2015年4月24日修正）

《中华人民共和国消费者权益保护法》（2013 年 10 月 25 日修正 2014 年 3 月 15 日施行）

《中华人民共和国劳动合同法》（2012 年 12 月 28 日修正 2013 年 7 月 1 日施行）

《中华人民共和国劳动争议调解仲裁法》（2007 年 12 月 29 日公布 2008 年 5 月 1 日施行）

《机动车交通事故责任强制保险条例》（2019 年 3 月 2 日修订）

《房地产经纪管理办法》（2016 年 3 月 1 日修正 2016 年 4 月 1 日施行）

《互联网信息服务管理办法》（2011 年 1 月 8 日修订）

《中华人民共和国劳动合同法实施条例》（2008 年 9 月 18 日公布）

《职工带薪年休假条例》（2007 年 12 月 14 日公布 2008 年 1 月 1 日施行）

《诉讼费用交纳办法》（2006 年 12 月 19 日公布 2007 年 4 月 1 日施行）

《国务院关于职工工作时间的规定》（1995 年 3 月 25 日修订 1995 年 5 月 1 日施行）

《国家统计局关于工资总额组成的规定》（1990 年 1 月 1 日发布）

《劳动人事争议仲裁办案规则》（2017 年 5 月 8 日公布 2017 年 7 月 1 日施行）

《企业职工带薪年休假实施办法》（2008 年 9 月 18 日公布）

《商品房销售管理办法》（2001 年 4 月 4 日公布 2001 年 6 月 1 日施行）

《劳动部关于企业实行不定时工作制和综合计算工时工作制的审批办法》（1994 年 12 月 14 日发布 1995 年 1 月 1 日施行）

凡 例

《工资支付暂行规定》(1994年12月6日发布　1995年1月1日施行)

《最高人民法院关于适用〈中华人民共和国民事诉讼法〉的解释》(2022年4月1日修正　2022年4月10日施行)

《最高人民法院关于适用〈中华人民共和国民法典〉有关担保制度的解释》(法释〔2020〕28号　2020年12月31日公布　2021年1月1日施行)

《最高人民法院关于适用〈中华人民共和国公司法〉若干问题的规定(三)》(2020年12月29日修正　2021年1月1日施行)

《最高人民法院关于审理商品房买卖合同纠纷案件适用法律若干问题的解释》(2020年12月29日修正　2021年1月1日施行)

《最高人民法院关于审理民间借贷案件适用法律若干问题的规定》(2020年12月29日修正　2021年1月1日施行)

《最高人民法院关于审理城镇房屋租赁合同纠纷案件具体应用法律若干问题的解释》(2020年12月29日修正　2021年1月1日施行)

《最高人民法院关于审理物业服务纠纷案件适用法律若干问题的解释》(2020年12月29日公布　2021年1月1日施行)

《最高人民法院关于审理旅游纠纷案件适用法律若干问题的规定》(2020年12月29日修正　2021年1月1日施行)

《最高人民法院关于审理劳动争议案件适用法律问题的解释(一)》(法释〔2020〕26号　2020年12月29日公布　2021年1月1日施行)

《最高人民法院关于审理道路交通事故损害赔偿案件适用法律若干问题的解释》(2020年12月29日修正　2021年1月1日施行)

3

《最高人民法院关于适用〈中华人民共和国保险法〉若干问题的解释（二）》（2020年12月29日修正　2021年1月1日施行）

《最高人民法院关于审理人身损害赔偿案件适用法律若干问题的解释》（2022年4月24日修正　2022年5月1日施行）

《广东省工资支付条例》（2016年9月29日修正）

《广东省道路交通安全条例》（2014年9月25日修正）

《广东省高温天气劳动保护办法》（2011年12月26日公布　2012年3月1日施行）

《深圳经济特区和谐劳动关系促进条例》（2019年4月26日修正）

《深圳市员工工资支付条例》（2019年8月22日修正）

目录 CONTENTS

◎ 第一章　买卖合同纠纷案件 //1

第一节　常见请求权基础 //1

一、货款支付请求权 //1

二、违约金、损失请求权 //2

三、质量损害赔偿请求权（包括可得利益损失请求权）//3

四、合同解除请求权 //3

五、货款保证责任请求权 //4

六、一人公司的股东对货款承担连带责任的请求权 //5

七、定金双倍返还请求权 //5

第二节　基本要素事实 //6

一、买卖合同主体及法律关系 //6

二、买卖合同的成立与效力 //8

三、买卖合同的履行 //11

四、标的物质量 //13

五、买卖合同的解除 //15

常见民商事速裁类案办理手册

　　　　六、违约责任 //17

　第三节　主要争点问题说理 //19

　　　　一、买卖合同是否成立 //19

　　　　二、出卖人是否履行交货义务及其法律后果 //19

　　　　三、货款支付 //21

　　　　四、产品质量争议 //22

　　　　五、逾期付款违约金 //23

　第四节　庭审（调查）提问提纲 //24

　第五节　裁判文书模板 //25

◎ 第二章　商品房预售合同纠纷案件 //30

　第一节　常见请求权基础 //30

　　　　一、违约金请求权 //30

　　　　二、继续履行请求权（含除外情形）//31

　　　　三、解除合同请求权 //31

　　　　四、损失赔偿请求权 //32

　第二节　基本要素事实 //32

　　　　一、合同主体 //32

　　　　二、合同主要内容 //33

　　　　三、合同效力 //34

　　　　四、合同的履行 //36

　第三节　主要争点问题说理 //38

　　　　一、迟延办证违约金相关法律问题 //38

　　　　二、迟延交房违约金相关法律问题 //43

目录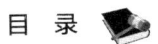

　　三、出卖人请求调低违约金标准的请求能否得到支持 //46

　　四、买受人请求的违约金是否超过诉讼时效期间 //47

第四节　庭审（调查）提问提纲 //48

第五节　裁判文书模板 //49

◎ 第三章　民间借贷纠纷案件 //54

第一节　常见请求权基础 //54

　　一、借款返还请求权 //54

　　二、利息支付请求权 //54

　　三、一般保证责任请求权 //55

　　四、连带保证责任请求权 //55

　　五、抵押权请求权 //56

　　六、动产质权请求权 //56

　　七、夫妻共同债务请求权 //57

第二节　基本要素事实 //57

　　一、借贷主体及法律关系 //57

　　二、借贷形式及主要条款 //59

　　三、合同的成立 //59

　　四、合同的效力 //60

　　五、合同的履行 //62

　　六、借贷的担保 //63

　　七、夫妻共同债务 //66

第三节　主要争点问题说理 //67

　　一、民间借贷法律关系的认定问题 //67

3

二、民间借贷关系是否成立问题 //68

三、民间借贷行为涉嫌刑事犯罪问题 //70

四、民间借贷合同的效力问题 //72

五、民间借贷合同的履行问题 //73

六、民间借贷合同的担保问题 //77

七、夫妻一方以个人名义签订民间借贷合同是否按夫妻共同债务处理的认定问题 //78

第四节　庭审（调查）提问提纲 //79

第五节　裁判文书模板 //81

◎ 第四章　保证合同纠纷案件 //85

第一节　常见请求权基础 //85

一、保证合同的请求权 //85

二、连带责任保证的请求权 //87

第二节　基本要素事实 //88

一、管辖 //88

二、保证合同当事人 //88

三、保证合同的效力 //90

四、保证方式 //96

五、保证期间 //98

六、保证合同诉讼时效 //100

七、保证责任 //101

第三节　主要争点问题说理 //107

一、一般保证和连带责任保证的区分 //107

二、保证责任期间 //109

三、保证人承担一般保证责任时虽享有先诉抗辩权，但在遇到法定情况使债权人向被保证人请求清偿债务发生困难时不得行使该抗辩权 //110

四、债权人和债务人协商增加债务，应当征得保证人书面同意，否则，保证人对加重的部分不承担保证责任 //111

五、保证人行使追偿权 //111

第四节　庭审（调查）提问提纲 //112

第五节　裁判文书模板 //113

◎ 第五章　房屋租赁合同纠纷案件 //117

第一节　常见请求权基础 //117

一、租赁合同无效确认请求权 //117

二、租赁合同解除请求权 //118

三、租金支付请求权 //120

四、房屋交付请求权 //120

五、租赁物受损赔偿请求权 //120

六、租赁合同无效或解除后装修损失赔偿请求权 //121

七、承租人优先购买权 //123

八、房屋返还请求权 //123

九、违约责任请求权 //124

第二节　基本要素事实 //126

一、租赁合同的主体 //126

二、租赁合同的内容 //128

5

三、租赁合同的形式 //129

四、租赁合同的效力 //130

五、租赁合同的解除 //131

第三节　主要争点问题说理 //133

一、案由的确定 //133

二、租赁合同文本的争议 //134

三、租赁合同效力的审查认定 //135

四、租赁合同无效的法律后果 //137

五、租赁合同解除权的消灭 //140

六、违约责任的认定 //140

七、买卖不破租赁及除外情形 //143

第四节　庭审（调查）提问提纲 //144

第五节　裁判文书模板 //146

◎ 第六章　承揽合同纠纷案件 //150

第一节　常见请求权基础 //150

一、支付报酬请求权 //150

二、交付成果请求权 //150

三、违约责任请求权 //151

第二节　基本要素事实 //151

一、合同主体及法律关系 //151

二、合同内容 //152

三、合同效力 //152

四、合同履行 //153

五、合同解除 //155

第三节　主要争点问题说理 //156

一、承揽合同的成果交付 //156

二、承揽合同的解除 //157

三、承揽合同的留置 //158

第四节　庭审（调查）提问提纲 //159

第五节　裁判文书模板 //160

◎ 第七章　物业服务合同纠纷案件 //164

第一节　常见请求权基础 //164

一、物业服务人的报酬请求权 //164

二、侵权/违约责任请求权 //165

三、解除物业管理合同请求权 //165

四、物业服务合同终止后的业主返还请求权 //166

第二节　基本要素事实 //167

一、诉讼主体资格 //167

二、物业服务企业转委托的合同效力认定 //169

三、物业服务合同的履行 //169

四、物业服务合同的解除 //171

第三节　主要争点问题说理 //172

一、业主不能以其本人未同意选聘物业服务人为由主张物业服务合同无效 //172

二、物业服务人将部分物业服务外包后仍应按合同约定向业主负责 //173

三、物业服务人不得采取停水停电等措施催交物业费 //174

四、个别业主不能行使物业服务合同解除权 //174

五、原物业服务合同期限届满后，新物业服务人接管前，原物业服务合同应继续履行 //175

六、在未变更物业服务事项以及服务标准的情况下，原物业服务人继续管理期间的物业费应参照原合同标准支付 //175

　　第四节　庭审（调查）提问提纲 //176
　　第五节　裁判文书模板 //177

◎ 第八章　中介合同纠纷案件 //181

　　第一节　常见请求权基础 //181
　　　　一、促成合同成立的报酬请求权 //181
　　　　二、未促成合同成立的必要费用请求权 //181
　　　　三、委托人的损害赔偿请求权 //182

　　第二节　基本要素事实 //182
　　　　一、中介主体及法律关系性质 //182
　　　　二、中介人的注意及报告义务 //183
　　　　三、委托人对中介及其他服务报酬请求的抗辩 //184
　　　　四、委托人的违约责任 //184

　　第三节　主要争点问题说理 //185
　　　　一、中介人未尽义务的认定及责任承担 //185
　　　　二、中介人的报酬请求权要件 //186
　　　　三、委托人"跳单"纠纷的处理 //186

第四节　庭审（调查）提问提纲 //187

第五节　裁判文书模板 //189

◎ 第九章　旅游服务合同纠纷案件 //193

第一节　常见请求权基础 //193

　　一、合同履行请求权 //193

　　二、合同解除请求权 //193

　　三、损害赔偿请求权 //194

第二节　基本要素事实 //196

　　一、合同主体认定 //196

　　二、合同效力 //198

　　三、合同履行 //199

　　四、法律责任 //200

第三节　主要争点问题说理 //203

　　一、旅游经营者的告知义务 //203

　　二、未经旅游者同意擅自转让旅游业务，旅行社和实际提供旅游服务的旅行社应承担连带责任 //204

　　三、格式条款效力的认定 //205

　　四、旅游者在其居住地签订旅游合同，地接社实际完成旅游服务，出现旅游纠纷后如何确定责任主体 //206

第四节　庭审（调查）提问提纲 //207

第五节　裁判文书模板 //208

◎ 第十章　网络服务合同纠纷案件 //212

第一节　常见请求权基础 //212

一、服务费支付请求权 //212

二、违约责任请求权 //212

三、侵权责任请求权 //213

四、对网络交易平台的赔偿请求权 //213

五、对广告经营者、发布者的赔偿请求权 //214

六、惩罚性赔偿请求权 //214

七、竞合的请求权 //215

第二节　基本要素事实 //215

一、网络服务合同纠纷的管辖 //215

二、网络服务合同的成立时间 //216

三、网络服务合同标的交付时间 //216

四、举证责任 //217

第三节　主要争点问题说理 //218

一、网络交易平台提供者是否应承担连带责任 //218

二、虚假广告或者其他虚假宣传的责任 //219

三、电子商务平台《用户服务协议》格式条款效力 //220

第四节　庭审（调查）提问提纲 //221

第五节　裁判文书模板 //222

◎ 第十一章　追索劳动报酬纠纷案件 //227

第一节　常见请求权基础 //227

一、工资请求权 //227

二、加班工资请求权 //227

三、劳动合同无效后劳动报酬请求权 //228

四、病假工资请求权 //228

五、未休年休假的工资请求权 //229

六、婚假、丧假、探亲假、产假等工资请求权 //230

七、停工工资请求权 //231

八、最低工资请求权 //231

九、试用期工资请求权 //232

十、二倍工资请求权 //232

第二节 基本要素事实 //232

一、工作时间 //232

二、劳动合同期限 //235

三、工资调整 //237

四、工资构成 //238

五、工资支付周期及支付时间 //241

六、工资支付凭证 //242

七、仲裁时效 //243

第三节 主要争点问题说理 //244

一、未签劳动合同的二倍工资的认定问题 //244

二、劳动报酬的举证责任问题 //248

三、加班工资的举证责任问题 //249

四、未休年休假的工资的时效认定问题 //250

五、高温津贴的认定问题 //252

第四节 庭审（调查）提问提纲 //253

第五节 裁判文书模板 //254

◎ 第十二章 经济补偿金纠纷案件 //258

第一节 常见请求权基础 //258

一、劳动者被迫解除合同的经济补偿请求权 //258

二、非因劳动者过失解除劳动合同的经济补偿请求权 //259

三、经济性裁员的经济补偿请求权 //259

四、用人单位提出，双方协商一致解除劳动合同的经济补偿请求权 //260

五、劳动合同终止的经济补偿请求权 //260

六、违法解除劳动合同的赔偿金请求权 //261

第二节 基本要素事实 //262

一、用人单位需支付经济补偿的法定情形 //262

二、用人单位解除或终止劳动合同无须向劳动者支付经济补偿的法定情形 //267

三、经济补偿的具体计算标准 //268

四、经济补偿的支付时间 //270

五、用人单位不按规定支付经济补偿的，是否需支付额外经济补偿金 //271

六、经济补偿的分段支付 //271

七、协商支付经济补偿与劳动者事后反悔的适用 //272

八、关于劳动合同约定违约金条款 //272

九、违法解除劳动合同的赔偿金的适用 //273

目 录

第三节　主要争点问题说理 //274

一、劳动者以用人单位未依法缴纳社会保险费为由，主张解除劳动合同并要求经济补偿的，必须以用人单位在劳动者提出补缴请求之日起一个月内未予补缴为前提 //274

二、《劳动合同法》施行前已建立劳动有关系，劳动者以用人单位未足额支付加班工资为由，主张被迫解除劳动合同，经济补偿的计算年限应从2008年1月1日开始计算 //275

三、劳动者与用人单位均无法证明劳动者的离职原因，可视为由用人单位提出，双方协商一致解除劳动合同 //277

四、用人单位违法解除劳动合同的处理 //277

五、用人单位未与劳动者协商，单方调动工作岗位的处理 //279

六、劳动者与用人单位协商一致解除劳动合同，并签订结算协议书之后，劳动者事后反悔的处理 //280

第四节　庭审（调查）提问提纲 //281

第五节　裁判文书模板 //282

◎ 第十三章　机动车交通事故责任纠纷案件 //286

第一节　常见请求权基础 //286

一、仅投保交强险时的损害赔偿请求权 //286

二、未依法投保交强险的机动车发生交通事故时的损害赔偿请求权 //287

13

三、同时投保交强险和商业三者险时的损害赔偿请求权 //287

四、因租赁、借用等情形机动车所有人与使用人不是
同一人时，发生交通事故时的损害赔偿请求权 //288

五、当事人之间已经以买卖等方式转让并交付机动车但未
办理所有权转移登记时的损害赔偿请求权 //289

六、以买卖等方式转让拼装或者已达到报废标准的机动车，
发生交通事故时的损害赔偿请求权 //290

七、盗窃、抢劫或者抢夺的机动车发生交通事故时的损害
赔偿请求权 //290

八、以挂靠形式从事道路运输经营活动的机动车发生交通
事故时的损害赔偿请求权 //291

九、套牌机动车发生交通事故时的损害赔偿请求权 //291

十、在驾驶培训活动中驾驶机动车发生交通事故时的损害
赔偿请求权 //292

十一、试乘过程中发生交通事故时的损害赔偿请求权 //292

十二、多辆机动车发生交通事故时的损害赔偿请求权 //292

十三、发生交通事故时人身损害和财产损失赔偿请求权 //293

第二节 基本要素事实 //295

一、交通事故责任认定情况 //295

二、交强险情况 //296

三、商业三者险情况 //297

四、机动车使用人与机动车所有人不是同一人时的责任
承担 //299

五、受害人损失情况 //300

第三节 主要争点问题说理 //303

一、交强险中的第三者认定问题 //303

二、商业三者险的免责事由问题 //304

三、机动车所有人与使用人不是同一人时的责任承担 //306

第四节　庭审（调查）提问提纲 //309

第五节　裁判文书模板 //310

◎ 第十四章　申请撤销劳动仲裁裁决案件 //314

第一节　常见请求权基础 //314

第二节　基本要素事实 //315

一、仲裁裁决是否属于终局裁决 //315

二、劳动争议仲裁委员会是否具有管辖权 //316

三、仲裁裁决是否存在违反法定程序的情形 //320

第三节　主要争点问题说理 //324

一、申请撤销劳动仲裁裁决的理由属于事实认定的情形 //324

二、工伤保险待遇属于一裁终局裁决范围 //325

三、申请撤销仲裁裁决的案件，用人单位未预交案件受理费，
应按自动撤回申请处理 //326

四、申请撤销仲裁裁决的案件，劳动者亦不服该终局裁决，
另行向人民法院起诉的情形 //327

第四节　庭审（调查）提问提纲 //330

第五节　裁判文书模板 //330

第一章
买卖合同纠纷案件

第一节　常见请求权基础

一、货款支付请求权

📖《中华人民共和国民法典》（2020年5月28日发布　2021年1月1日施行）[①]

第六百二十六条　买受人应当按照约定的数额和支付方式支付价款。对价款的数额和支付方式没有约定或者约定不明确的，适用本法第五百一十条、第五百一十一条第二项和第五项的规定。

第六百二十七条　买受人应当按照约定的地点支付价款。对支付地点没有约定或者约定不明确，依据本法第五百一十条的规定仍不能确定的，买受人应当在出卖人的营业地支付；但是，约定支付价款以交付标的物或者交付提取标的物单证为条件的，在交付标的物或者交付提取标的物单证的所在地支付。

第六百二十八条　买受人应当按照约定的时间支付价款。对支付

[①]　本书正文中列举的法律文件仅在每章第一次出现时标明公布及施行时间，之后再次出现均省略，可在本书凡例中查询。

时间没有约定或者约定不明确，依据本法第五百一十条的规定仍不能确定的，买受人应当在收到标的物或者提取标的物单证的同时支付。

二、违约金、损失请求权

《中华人民共和国民法典》

第五百七十七条 当事人一方不履行合同义务或者履行合同义务不符合约定的，应当承担继续履行、采取补救措施或者赔偿损失等违约责任。

第五百八十三条 当事人一方不履行合同义务或者履行合同义务不符合约定的，在履行义务或者采取补救措施后，对方还有其他损失的，应当赔偿损失。

第五百八十四条 当事人一方不履行合同义务或者履行合同义务不符合约定，造成对方损失的，损失赔偿额应当相当于因违约所造成的损失，包括合同履行后可以获得的利益；但是，不得超过违约一方订立合同时预见到或者应当预见到的因违约可能造成的损失。

第五百八十五条 当事人可以约定一方违约时应当根据违约情况向对方支付一定数额的违约金，也可以约定因违约产生的损失赔偿额的计算方法。

约定的违约金低于造成的损失的，人民法院或者仲裁机构可以根据当事人的请求予以增加；约定的违约金过分高于造成的损失的，人民法院或者仲裁机构可以根据当事人的请求予以适当减少。

当事人就迟延履行约定违约金的，违约方支付违约金后，还应当履行债务。

第一章　买卖合同纠纷案件

三、质量损害赔偿请求权（包括可得利益损失请求权）

📝《中华人民共和国民法典》

第六百一十五条　出卖人应当按照约定的质量要求交付标的物。出卖人提供有关标的物质量说明的，交付的标的物应当符合该说明的质量要求。

第六百一十六条　当事人对标的物的质量要求没有约定或者约定不明确，依据本法第五百一十条的规定仍不能确定的，适用本法第五百一十一条第一项的规定。

第六百一十七条　出卖人交付的标的物不符合质量要求的，买受人可以依据本法第五百八十二条至第五百八十四条的规定请求承担违约责任。

第六百一十八条　当事人约定减轻或者免除出卖人对标的物瑕疵承担的责任，因出卖人故意或者重大过失不告知买受人标的物瑕疵的，出卖人无权主张减轻或者免除责任。

第六百一十九条　出卖人应当按照约定的包装方式交付标的物。对包装方式没有约定或者约定不明确，依据本法第五百一十条的规定仍不能确定的，应当按照通用的方式包装；没有通用方式的，应当采取足以保护标的物且有利于节约资源、保护生态环境的包装方式。

四、合同解除请求权

📝《中华人民共和国民法典》

第五百六十二条　当事人协商一致，可以解除合同。

3

当事人可以约定一方解除合同的事由。解除合同的事由发生时，解除权人可以解除合同。

第五百六十三条 有下列情形之一的，当事人可以解除合同：

（一）因不可抗力致使不能实现合同目的；

（二）在履行期限届满前，当事人一方明确表示或者以自己的行为表明不履行主要债务；

（三）当事人一方迟延履行主要债务，经催告后在合理期限内仍未履行；

（四）当事人一方迟延履行债务或者有其他违约行为致使不能实现合同目的；

（五）法律规定的其他情形。

以持续履行的债务为内容的不定期合同，当事人可以随时解除合同，但是应当在合理期限之前通知对方。

五、货款保证责任请求权

《中华人民共和国民法典》

第六百八十七条 当事人在保证合同中约定，债务人不能履行债务时，由保证人承担保证责任的，为一般保证。

一般保证的保证人在主合同纠纷未经审判或者仲裁，并就债务人财产依法强制执行仍不能履行债务前，有权拒绝向债权人承担保证责任，但是有下列情形之一的除外：

（一）债务人下落不明，且无财产可供执行；

（二）人民法院已经受理债务人破产案件；

（三）债权人有证据证明债务人的财产不足以履行全部债务或者

第一章　买卖合同纠纷案件

丧失履行债务能力；

（四）保证人书面表示放弃本款规定的权利。

第六百八十八条　当事人在保证合同中约定保证人和债务人对债务承担连带责任的，为连带责任保证。

连带责任保证的债务人不履行到期债务或者发生当事人约定的情形时，债权人可以请求债务人履行债务，也可以请求保证人在其保证范围内承担保证责任。

六、一人公司的股东对货款承担连带责任的请求权

《中华人民共和国公司法》（2018年10月26日修正）

第六十三条　一人有限责任公司的股东不能证明公司财产独立于股东自己的财产的，应当对公司债务承担连带责任。

七、定金双倍返还请求权

《中华人民共和国民法典》

第五百八十六条　当事人可以约定一方向对方给付定金作为债权的担保。定金合同自实际交付定金时成立。

定金的数额由当事人约定；但是，不得超过主合同标的额的百分之二十，超过部分不产生定金的效力。实际交付的定金数额多于或者少于约定数额的，视为变更约定的定金数额。

第五百八十七条　债务人履行债务的，定金应当抵作价款或者收回。给付定金的一方不履行债务或者履行债务不符合约定，致使不能实现合同目的的，无权请求返还定金；收受定金的一方不履行债务

或者履行债务不符合约定，致使不能实现合同目的的，应当双倍返还定金。

第五百八十八条 当事人既约定违约金，又约定定金的，一方违约时，对方可以选择适用违约金或者定金条款。

定金不足以弥补一方违约造成的损失的，对方可以请求赔偿超过定金数额的损失。

第二节 基本要素事实

一、买卖合同主体及法律关系[①]

关联规范

《中华人民共和国民法典》

第五百零三条 无权代理人以被代理人的名义订立合同，被代理人已经开始履行合同义务或者接受相对人履行的，视为对合同的追认。

第五百零四条 法人的法定代表人或者非法人组织的负责人超越权限订立的合同，除相对人知道或者应当知道其超越权限外，该代表行为有效，订立的合同对法人或者非法人组织发生效力。

第五百零五条 当事人超越经营范围订立的合同的效力，应当依照本法第一编第六章第三节和本编的有关规定确定，不得仅以超越经

---

① 在本章第一节"常见请求权基础"部分已列举的法条本节不再重复列举，具体内容可参见本章第一节。

第一章 买卖合同纠纷案件

营范围确认合同无效。

第五百三十二条 合同生效后,当事人不得因姓名、名称的变更或者法定代表人、负责人、承办人的变动而不履行合同义务。

《最高人民法院关于适用〈中华人民共和国公司法〉若干问题的规定(三)》(2020年12月29日修正 2021年1月1日施行)

第二条 发起人为设立公司以自己名义对外签订合同,合同相对人请求该发起人承担合同责任的,人民法院应予支持;公司成立后合同相对人请求公司承担合同责任的,人民法院应予支持。

第三条 发起人以设立中公司名义对外签订合同,公司成立后合同相对人请求公司承担合同责任的,人民法院应予支持。

公司成立后有证据证明发起人利用设立中公司的名义为自己的利益与相对人签订合同,公司以此为由主张不承担合同责任的,人民法院应予支持,但相对人为善意的除外。

第四条 公司因故未成立,债权人请求全体或者部分发起人对设立公司行为所产生的费用和债务承担连带清偿责任的,人民法院应予支持。

部分发起人依照前款规定承担责任后,请求其他发起人分担的,人民法院应当判令其他发起人按照约定的责任承担比例分担责任;没有约定责任承担比例的,按照约定的出资比例分担责任;没有约定出资比例的,按照均等份额分担责任。

因部分发起人的过错导致公司未成立,其他发起人主张其承担设立行为所产生的费用和债务的,人民法院应当根据过错情况,确定过错一方的责任范围。

7

二、买卖合同的成立与效力

（一）买卖合同的成立

关联规范

《中华人民共和国民法典》

第四百六十九条 当事人订立合同，可以采用书面形式、口头形式或者其他形式。

书面形式是合同书、信件、电报、电传、传真等可以有形地表现所载内容的形式。

以电子数据交换、电子邮件等方式能够有形地表现所载内容，并可以随时调取查用的数据电文，视为书面形式。

第四百七十一条 当事人订立合同，可以采取要约、承诺方式或者其他方式。

第四百七十二条 要约是希望与他人订立合同的意思表示，该意思表示应当符合下列条件：

（一）内容具体确定；

（二）表明经受要约人承诺，要约人即受该意思表示约束。

第四百七十三条 要约邀请是希望他人向自己发出要约的表示。拍卖公告、招标公告、招股说明书、债券募集办法、基金招募说明书、商业广告和宣传、寄送的价目表等为要约邀请。

商业广告和宣传的内容符合要约条件的，构成要约。

第四百七十四条 要约生效的时间适用本法第一百三十七条的规定。

第四百七十五条 要约可以撤回。要约的撤回适用本法第一百四十一条的规定。

第四百七十六条 要约可以撤销，但是有下列情形之一的除外：

（一）要约人以确定承诺期限或者其他形式明示要约不可撤销；

（二）受要约人有理由认为要约是不可撤销的，并已经为履行合同做了合理准备工作。

第四百七十七条 撤销要约的意思表示以对话方式作出的，该意思表示的内容应当在受要约人作出承诺之前为受要约人所知道；撤销要约的意思表示以非对话方式作出的，应当在受要约人作出承诺之前到达受要约人。

第四百八十条 承诺应当以通知的方式作出；但是，根据交易习惯或者要约表明可以通过行为作出承诺的除外。

第四百八十一条 承诺应当在要约确定的期限内到达要约人。

要约没有确定承诺期限的，承诺应当依照下列规定到达：

（一）要约以对话方式作出的，应当即时作出承诺；

（二）要约以非对话方式作出的，承诺应当在合理期限内到达。

第四百八十二条 要约以信件或者电报作出的，承诺期限自信件载明的日期或者电报交发之日开始计算。信件未载明日期的，自投寄该信件的邮戳日期开始计算。要约以电话、传真、电子邮件等快速通讯方式作出的，承诺期限自要约到达受要约人时开始计算。

第四百八十三条 承诺生效时合同成立，但是法律另有规定或者当事人另有约定的除外。

（二）买卖合同的效力

关联规范

《中华人民共和国民法典》

第一百四十三条 具备下列条件的民事法律行为有效：

（一）行为人具有相应的民事行为能力；

（二）意思表示真实；

（三）不违反法律、行政法规的强制性规定，不违背公序良俗。

第五百零二条 依法成立的合同，自成立时生效，但是法律另有规定或者当事人另有约定的除外。

依照法律、行政法规的规定，合同应当办理批准等手续的，依照其规定。未办理批准等手续影响合同生效的，不影响合同中履行报批等义务条款以及相关条款的效力。应当办理申请批准等手续的当事人未履行义务的，对方可以请求其承担违反该义务的责任。

依照法律、行政法规的规定，合同的变更、转让、解除等情形应当办理批准等手续的，适用前款规定。

第五百零三条 无权代理人以被代理人的名义订立合同，被代理人已经开始履行合同义务或者接受相对人履行的，视为对合同的追认。

第五百零四条 法人的法定代表人或者非法人组织的负责人超越权限订立的合同，除相对人知道或者应当知道其超越权限外，该代表行为有效，订立的合同对法人或者非法人组织发生效力。

第五百零五条 当事人超越经营范围订立的合同的效力，应当依照本法第一编第六章第三节和本编的有关规定确定，不得仅以超越经营范围确认合同无效。

三、买卖合同的履行

关联规范

《中华人民共和国民法典》

第五百零九条 当事人应当按照约定全面履行自己的义务。

当事人应当遵循诚信原则,根据合同的性质、目的和交易习惯履行通知、协助、保密等义务。

当事人在履行合同过程中,应当避免浪费资源、污染环境和破坏生态。

第五百一十条 合同生效后,当事人就质量、价款或者报酬、履行地点等内容没有约定或者约定不明确的,可以协议补充;不能达成补充协议的,按照合同相关条款或者交易习惯确定。

第五百一十一条 当事人就有关合同内容约定不明确,依据前条规定仍不能确定的,适用下列规定:

(一)质量要求不明确的,按照强制性国家标准履行;没有强制性国家标准的,按照推荐性国家标准履行;没有推荐性国家标准的,按照行业标准履行;没有国家标准、行业标准的,按照通常标准或者符合合同目的的特定标准履行。

(二)价款或者报酬不明确的,按照订立合同时履行地的市场价格履行;依法应当执行政府定价或者政府指导价的,依照规定履行。

(三)履行地点不明确,给付货币的,在接受货币一方所在地履行;交付不动产的,在不动产所在地履行;其他标的,在履行义务一方所在地履行。

(四)履行期限不明确的,债务人可以随时履行,债权人也可以随时请求履行，但是应当给对方必要的准备时间。

（五）履行方式不明确的，按照有利于实现合同目的的方式履行。

（六）履行费用的负担不明确的，由履行义务一方负担；因债权人原因增加的履行费用，由债权人负担。

第五百二十五条 当事人互负债务，没有先后履行顺序的，应当同时履行。一方在对方履行之前有权拒绝其履行请求。一方在对方履行债务不符合约定时，有权拒绝其相应的履行请求。

第五百二十六条 当事人互负债务，有先后履行顺序，应当先履行债务一方未履行的，后履行一方有权拒绝其履行请求。先履行一方履行债务不符合约定的，后履行一方有权拒绝其相应的履行请求。

第五百二十七条 应当先履行债务的当事人，有确切证据证明对方有下列情形之一的，可以中止履行：

（一）经营状况严重恶化；

（二）转移财产、抽逃资金，以逃避债务；

（三）丧失商业信誉；

（四）有丧失或者可能丧失履行债务能力的其他情形。

当事人没有确切证据中止履行的，应当承担违约责任。

第五百二十八条 当事人依据前条规定中止履行的，应当及时通知对方。对方提供适当担保的，应当恢复履行。中止履行后，对方在合理期限内未恢复履行能力且未提供适当担保的，视为以自己的行为表明不履行主要债务，中止履行的一方可以解除合同并可以请求对方承担违约责任。

第五百二十九条 债权人分立、合并或者变更住所没有通知债务人，致使履行债务发生困难的，债务人可以中止履行或者将标的物提存。

第五百三十条 债权人可以拒绝债务人提前履行债务,但是提前履行不损害债权人利益的除外。

债务人提前履行债务给债权人增加的费用,由债务人负担。

第五百三十一条 债权人可以拒绝债务人部分履行债务,但是部分履行不损害债权人利益的除外。

债务人部分履行债务给债权人增加的费用,由债务人负担。

四、标的物质量

关联规范

《中华人民共和国民法典》

第五百一十一条第一项 当事人就有关合同内容约定不明确,依据前条规定仍不能确定的,适用下列规定:

(一)质量要求不明确的,按照强制性国家标准履行;没有强制性国家标准的,按照推荐性国家标准履行;没有推荐性国家标准的,按照行业标准履行;没有国家标准、行业标准的,按照通常标准或者符合合同目的的特定标准履行。

第六百二十条 买受人收到标的物时应当在约定的检验期限内检验。没有约定检验期限的,应当及时检验。

第六百二十一条 当事人约定检验期限的,买受人应当在检验期限内将标的物的数量或者质量不符合约定的情形通知出卖人。买受人怠于通知的,视为标的物的数量或者质量符合约定。

当事人没有约定检验期限的,买受人应当在发现或者应当发现标的物的数量或者质量不符合约定的合理期限内通知出卖人。买受人在合理期限内未通知或者自收到标的物之日起二年内未通知出卖人的,视为标的物的数量或者质量符合约定；但是，对标的物有质量保证期的，适用质量保证期，不适用该二年的规定。

出卖人知道或者应当知道提供的标的物不符合约定的，买受人不受前两款规定的通知时间的限制。

第六百二十二条 当事人约定的检验期限过短，根据标的物的性质和交易习惯，买受人在检验期限内难以完成全面检验的，该期限仅视为买受人对标的物的外观瑕疵提出异议的期限。

约定的检验期限或者质量保证期短于法律、行政法规规定期限的，应当以法律、行政法规规定的期限为准。

第六百二十三条 当事人对检验期限未作约定，买受人签收的送货单、确认单等载明标的物数量、型号、规格的，推定买受人已经对数量和外观瑕疵进行检验，但是有相关证据足以推翻的除外。

第六百二十四条 出卖人依照买受人的指示向第三人交付标的物，出卖人和买受人约定的检验标准与买受人和第三人约定的检验标准不一致的，以出卖人和买受人约定的检验标准为准。

第六百三十五条 凭样品买卖的当事人应当封存样品，并可以对样品质量予以说明。出卖人交付的标的物应当与样品及其说明的质量相同。

第六百三十六条 凭样品买卖的买受人不知道样品有隐蔽瑕疵的，即使交付的标的物与样品相同，出卖人交付的标的物的质量仍然应当符合同种物的通常标准。

五、买卖合同的解除

关联规范

《中华人民共和国民法典》

第五百三十三条 合同成立后,合同的基础条件发生了当事人在订立合同时无法预见的、不属于商业风险的重大变化,继续履行合同对于当事人一方明显不公平的,受不利影响的当事人可以与对方重新协商;在合理期限内协商不成的,当事人可以请求人民法院或者仲裁机构变更或者解除合同。

人民法院或者仲裁机构应当结合案件的实际情况,根据公平原则变更或者解除合同。

第五百六十二条 当事人协商一致,可以解除合同。

当事人可以约定一方解除合同的事由。解除合同的事由发生时,解除权人可以解除合同。

第五百六十三条 有下列情形之一的,当事人可以解除合同:

(一)因不可抗力致使不能实现合同目的;

(二)在履行期限届满前,当事人一方明确表示或者以自己的行为表明不履行主要债务;

(三)当事人一方迟延履行主要债务,经催告后在合理期限内仍未履行;

(四)当事人一方迟延履行债务或者有其他违约行为致使不能实现合同目的;

(五)法律规定的其他情形。

以持续履行的债务为内容的不定期合同,当事人可以随时解除合同，但是应当在合理期限之前通知对方。

第五百六十四条 法律规定或者当事人约定解除权行使期限，期限届满当事人不行使的，该权利消灭。

法律没有规定或者当事人没有约定解除权行使期限，自解除权人知道或者应当知道解除事由之日起一年内不行使，或者经对方催告后在合理期限内不行使的，该权利消灭。

第五百六十五条 当事人一方依法主张解除合同的，应当通知对方。合同自通知到达对方时解除；通知载明债务人在一定期限内不履行债务则合同自动解除，债务人在该期限内未履行债务的，合同自通知载明的期限届满时解除。对方对解除合同有异议的，任何一方当事人均可以请求人民法院或者仲裁机构确认解除行为的效力。

当事人一方未通知对方，直接以提起诉讼或者申请仲裁的方式依法主张解除合同，人民法院或者仲裁机构确认该主张的，合同自起诉状副本或者仲裁申请书副本送达对方时解除。

第五百六十六条 合同解除后，尚未履行的，终止履行；已经履行的，根据履行情况和合同性质，当事人可以请求恢复原状或者采取其他补救措施，并有权请求赔偿损失。

合同因违约解除的，解除权人可以请求违约方承担违约责任，但是当事人另有约定的除外。

主合同解除后，担保人对债务人应当承担的民事责任仍应当承担担保责任，但是担保合同另有约定的除外。

第六百三十一条 因标的物的主物不符合约定而解除合同的，解除合同的效力及于从物。因标的物的从物不符合约定被解除的，解除的效力不及于主物。

第六百三十二条 标的物为数物，其中一物不符合约定的，买受人可以就该物解除。但是，该物与他物分离使标的物的价值显受损害的，买受人可以就数物解除合同。

第六百三十三条 出卖人分批交付标的物的，出卖人对其中一批标的物不交付或者交付不符合约定，致使该批标的物不能实现合同目的的，买受人可以就该批标的物解除。

出卖人不交付其中一批标的物或者交付不符合约定，致使之后其他各批标的物的交付不能实现合同目的的，买受人可以就该批以及之后其他各批标的物解除。

买受人如果就其中一批标的物解除，该批标的物与其他各批标的物相互依存的，可以就已经交付和未交付的各批标的物解除。

第六百三十四条 分期付款的买受人未支付到期价款的数额达到全部价款的五分之一，经催告后在合理期限内仍未支付到期价款的，出卖人可以请求买受人支付全部价款或者解除合同。

出卖人解除合同的，可以向买受人请求支付该标的物的使用费。

六、违约责任

关联规范

《中华人民共和国民法典》

第五百七十七条 当事人一方不履行合同义务或者履行合同义务不符合约定的，应当承担继续履行、采取补救措施或者赔偿损失等违约责任。

第五百七十八条 当事人一方明确表示或者以自己的行为表明不履行合同义务的，对方可以在履行期限届满前请求其承担违约责任。

第五百七十九条 当事人一方未支付价款、报酬、租金、利息，或者不履行其他金钱债务的，对方可以请求其支付。

第五百八十二条　履行不符合约定的，应当按照当事人的约定承担违约责任。对违约责任没有约定或者约定不明确，依据本法第五百一十条的规定仍不能确定的，受损害方根据标的的性质以及损失的大小，可以合理选择请求对方承担修理、重作、更换、退货、减少价款或者报酬等违约责任。

第五百八十九条　债务人按照约定履行债务，债权人无正当理由拒绝受领的，债务人可以请求债权人赔偿增加的费用。

在债权人受领迟延期间，债务人无须支付利息。

第五百九十条　当事人一方因不可抗力不能履行合同的，根据不可抗力的影响，部分或者全部免除责任，但是法律另有规定的除外。因不可抗力不能履行合同的，应当及时通知对方，以减轻可能给对方造成的损失，并应当在合理期限内提供证明。

当事人迟延履行后发生不可抗力的，不免除其违约责任。

第五百九十一条　当事人一方违约后，对方应当采取适当措施防止损失的扩大；没有采取适当措施致使损失扩大的，不得就扩大的损失请求赔偿。

当事人因防止损失扩大而支出的合理费用，由违约方负担。

第五百九十二条　当事人都违反合同的，应当各自承担相应的责任。

当事人一方违约造成对方损失，对方对损失的发生有过错的，可以减少相应的损失赔偿额。

第五百九十三条　当事人一方因第三人的原因造成违约的，应当依法向对方承担违约责任。当事人一方和第三人之间的纠纷，依照法律规定或者按照约定处理。

第三节　主要争点问题说理

一、买卖合同是否成立

裁判依据

《中华人民共和国民法典》

第四百八十三条　承诺生效时合同成立，但是法律另有规定或者当事人另有约定的除外。

裁判理由

情形一：双方当事人签订的《销售合同》(《买卖合同》)是双方的真实意思表示，内容没有违反法律、行政法规的强制性规定，合法有效，双方当事人均应依约履行义务。

情形二：双方当事人虽然没有签订书面的买卖合同，但是出卖人提交的订单、送货单、对账单足以证明双方当事人之间成立了合法有效的买卖合同关系并已实际履行，本院对此予以确认。

二、出卖人是否履行交货义务及其法律后果

裁判依据

《中华人民共和国民法典》

第六百零一条　出卖人应当按照约定的时间交付标的物。约定交付期限的，出卖人可以在该交付期限内的任何时间交付。

第六百零二条　当事人没有约定标的物的交付期限或者约定不明

确的，适用本法第五百一十条、第五百一十一条第四项的规定。

第六百零三条 出卖人应当按照约定的地点交付标的物。

当事人没有约定交付地点或者约定不明确，依据本法第五百一十条的规定仍不能确定的，适用下列规定：

（一）标的物需要运输的，出卖人应当将标的物交付给第一承运人以运交给买受人；

（二）标的物不需要运输，出卖人和买受人订立合同时知道标的物在某一地点的，出卖人应当在该地点交付标的物；不知道标的物在某一地点的，应当在出卖人订立合同时的营业地交付标的物。

第六百零四条 标的物毁损、灭失的风险，在标的物交付之前由出卖人承担，交付之后由买受人承担，但是法律另有规定或者当事人另有约定的除外。

第六百零九条 出卖人按照约定未交付有关标的物的单证和资料的，不影响标的物毁损、灭失风险的转移。

裁判理由

情形一：出卖人应当按照合同约定交付货物。本案中，出卖人提交了送货单和对账单，其中，送货单有买受人即被告员工签名（盖章），对账单内容和送货单内容一一对应，足以证明出卖人已经履行了交货义务，出卖人要求买受人就已交付的货物支付货款，有事实和法律依据，本院予以支持。

情形二：出卖人应当按照合同约定交付货物。本案中，原告已按合同约定及时支付了货款，被告未履行交付货物的合同义务，该违约行为致使合同目的不能实现，原告有权解除双方的买卖合同。现原告要求被告退还已支付的货款并支付资金占用期间的利息损失，有事实和法律依据，本院予以支持。

三、货款支付

裁判依据

《中华人民共和国民法典》

第六百二十六条 买受人应当按照约定的数额和支付方式支付价款。对价款的数额和支付方式没有约定或者约定不明确的，适用本法第五百一十条、第五百一十一条第二项和第五项的规定。

第六百二十七条 买受人应当按照约定的地点支付价款。对支付地点没有约定或者约定不明确，依据本法第五百一十条的规定仍不能确定的，买受人应当在出卖人的营业地支付；但是，约定支付价款以交付标的物或者交付提取标的物单证为条件的，在交付标的物或者交付提取标的物单证的所在地支付。

第六百二十八条 买受人应当按照约定的时间支付价款。对支付时间没有约定或者约定不明确，依据本法第五百一十条的规定仍不能确定的，买受人应当在收到标的物或者提取标的物单证的同时支付。

裁判理由

情形一：原告（出卖人）已经按照合同约定向被告交付了货物，送货单和对账单能够相互对应，足以证实原告主张的货款，被告（买受人）应当及时履行支付货款的义务。

情形二：（针对买受人以出卖人未开具发票为由拒付货款）在出卖人违反约定没有开具发票的情形下，买受人不能以此为由拒绝履行合同主要义务即支付货款。除非双方明确约定：出卖人不及时开具发票，买受人有权拒绝支付货款。

四、产品质量争议

裁判依据

《中华人民共和国民法典》

第五百一十一条第一项 当事人就有关合同内容约定不明确，依据前条规定仍不能确定的，适用下列规定：

（一）质量要求不明确的，按照强制性国家标准履行；没有强制性国家标准的，按照推荐性国家标准履行；没有推荐性国家标准的，按照行业标准履行；没有国家标准、行业标准的，按照通常标准或者符合合同目的的特定标准履行。

第六百一十五条 出卖人应当按照约定的质量要求交付标的物。出卖人提供有关标的物质量说明的，交付的标的物应当符合该说明的质量要求。

第六百三十五条 凭样品买卖的当事人应当封存样品，并可以对样品质量予以说明。出卖人交付的标的物应当与样品及其说明的质量相同。

第六百三十六条 凭样品买卖的买受人不知道样品有隐蔽瑕疵的，即使交付的标的物与样品相同，出卖人交付的标的物的质量仍然应当符合同种物的通常标准。

裁判理由

情形一：被告（买受人）主张原告（出卖人）交付的货物存在质量问题，应当就此承担举证责任。但本案中被告提交的证据不足以／未提交证据证明原告交付的货物存在质量问题，故本院对被告的该主张不予采信。被告以此为由要求原告扣减货款／赔偿损失，理由不成立，本院不予支持。

情形二：原告（买受人）提交的证据足以证明被告（出卖人）交付的货物存在质量问题，但原告主张的损失仅有其单方制作的文件，不足以证明其主张，本院根据本案的合同实际履行情况、出现质量问题的货物的数量和价值，双方对损失的过错程度，酌定原告的损失为……元（写明金额），被告应予以赔偿。

五、逾期付款违约金

裁判依据

《中华人民共和国民法典》

第五百八十四条 当事人一方不履行合同义务或者履行合同义务不符合约定，造成对方损失的，损失赔偿额应当相当于因违约所造成的损失，包括合同履行后可以获得的利益；但是，不得超过违约一方订立合同时预见到或者应当预见到的因违约可能造成的损失。

第五百八十五条 当事人可以约定一方违约时应当根据违约情况向对方支付一定数额的违约金，也可以约定因违约产生的损失赔偿额的计算方法。

约定的违约金低于造成的损失的，人民法院或者仲裁机构可以根据当事人的请求予以增加；约定的违约金过分高于造成的损失的，人民法院或者仲裁机构可以根据当事人的请求予以适当减少。

当事人就迟延履行约定违约金的，违约方支付违约金后，还应当履行债务。

第六百二十八条 买受人应当按照约定的时间支付价款。对支付时间没有约定或者约定不明确，依据本法第五百一十条的规定仍不能确定的，买受人应当在收到标的物或者提取标的物单证的同时支付。

裁判理由

买受人应当在收到货物后/按照双方约定的履行期限及时履行支付货款的义务，买受人没有及时支付货款，造成出卖人资金被占用，应当向出卖人支付逾期付款违约金。

情形一：双方当事人约定了逾期付款违约金，但标准过分高于原告的损失，被告请求人民法院予以调整，本院酌情调整逾期付款违约金标准。

情形二：双方当事人没有约定逾期付款违约金或者违约金计算方法，根据《最高人民法院关于审理买卖合同纠纷案件适用法律问题的解释》第十八条第四款的规定，计算逾期付款损失。

第四节　庭审（调查）提问提纲

要素一：合同主体
双方对涉案买卖合同的交易对方有无异议？
要素二：合同的成立、效力、合同内容
双方对涉案买卖合同的成立及效力有无异议？
涉案合同约定的价款、付款方式、时间？
涉案合同关于逾期付款违约金如何约定？
涉案合同关于质量不符合标准的违约金如何约定？
要素三：合同的履行
出卖人主张的货款所属时间段？
出卖人是否依约交付了货物？买受人是否确认已收到货物？
买受人对出卖人主张的货款是否确认？异议部分和异议理由是什么？
双方有无对账？通过什么方式对账？买受人是否确认对账结果？

续表

买受人有无按照对账结果履行支付货款的义务？未履行付款义务的原因是什么？
出卖人对买受人主张的已付货款是否确认？
要素四：标的物质量问题
双方对质量异议期有无约定？
双方对货物质量标准、验收流程有无约定？
买受人对货物的质量异议是通过什么方式、在什么时间向出卖人主张？
出卖人是否收到质量异议？有无回应？
买受人主张的货物质量问题造成的损失具体是由哪些项目构成？有无证据证明？
出卖人对买受人提出的质量异议是否确认？对买受人基于质量问题主张的损失是否确认？
要素五：合同的解除
出卖人（买受人）要求解除合同的事实理由和法律依据是什么？对方对此有何回应？
要素六：违约责任
出卖人（买受人）要求对方承担违约责任的事实理由和法律依据是什么？
出卖人（买受人）主张的违约金是如何计算的？

第五节　裁判文书模板

××××人民法院
民事判决书

（××××）……民终……号

上诉人（原审诉讼地位）：×××，……。

法定代理人/指定代理人/法定代表人/主要负责人：×××，……。

委托诉讼代理人：×××，……。

被上诉人（原审诉讼地位）：×××，……。

法定代理人/指定代理人/法定代表人/主要负责人：×××，……。

委托诉讼代理人：×××，……。

原审原告/被告/第三人：×××，……。

法定代理人/指定代理人/法定代表人/主要负责人：×××，……。

委托诉讼代理人：×××，……。

（以上写明当事人和其他诉讼参加人的姓名或者名称等基本信息）

上诉人×××因与被上诉人×××/上诉人×××及原审原告/被告/第三人×××买卖合同纠纷一案，不服××××人民法院（××××）……民初……号民事判决，向本院提起上诉。本院于××××年××月××日立案受理，依法组成合议庭审理了本案。本案现已审理终结。

×××上诉请求：……（写明上诉请求）。事实和理由：……（概述上诉人主张的事实和理由）。

×××辩称，……（概述被上诉人答辩意见）。

×××述称，……（概述原审原告/被告/第三人陈述意见）。

×××向一审法院起诉请求：……（写明原告/反诉原告/有独立请求权的第三人的诉讼请求）。

一审法院认定事实：……（概述一审认定的事实）。一审法院认为，……（概述一审裁判理由）。判决：……（写明一审判决主文）。

（情形一：）本院二审期间，各方当事人没有提交新证据。一审判决查明事实（详见一审判决书）清楚，本院予以确认。

（情形二：）本院二审期间，当事人提交了以下证据，用以证明……。当事人质证认为：……。

本院二审查明：

（要素一：）双方是否成立了合法有效的买卖合同？

（要素二：）涉案合同约定的货物品名、价款、付款方式、时间。

（要素三：）涉案合同约定的违约责任。

（要素四：）出卖人是否已经依约交付货物？买受人是否确认收到货物？

（要素五：）买受人对出卖人主张的货款是否确认？异议部分和异议理由是什么？

（要素六：）双方有无对账？通过什么方式对账？买受人是否确认对账结果？

（要素七：）买受人有无按照对账结果履行支付货款的义务？未履行付款义务的原因是什么？

（要素八：）出卖人对买受人主张的已付货款是否确认？

（要素九：）双方对质量异议期有无约定？

（要素十：）双方对货物质量标准、验收流程有无约定？

（要素十一：）买受人对货物的质量异议是通过什么方式、在什么时间向出卖人主张？

（要素十二：）出卖人是否收到质量异议？有无回应？

（要素十三：）买受人主张的货物质量问题造成的损失具体是由哪些项目构成？有无证据证明？

（要素十四：）出卖人对买受人提出的质量异议是否确认？对买受人基于质量问题主张的损失是否确认？

（要素十五：）出卖人/买受人要求解除合同的事实理由和法律依据是什么？对方对此有何回应？

（要素十六：）出卖人／买受人要求对方承担违约责任的事实理由和法律依据是什么？

（要素十七：）出卖人／买受人主张的违约金是如何计算的？

本院认为，本案系买卖合同纠纷，各方当事人的二审争议焦点为：一、……；二、……；三、……。（根据二审认定的案件事实和相关法律规定，对当事人的上诉请求进行分析评判，说明理由。）

（情形一：）综上所述，上诉人的上诉请求不能成立，应予驳回。一审判决认定事实清楚，适用法律正确，应予维持。依照《中华人民共和国民事诉讼法》第一百七十七条第一款第一项之规定，判决如下：

驳回上诉，维持原判。

二审案件受理费……元，由上诉人×××负担。

本判决为终审判决。

（情形二：）综上所述，上诉人的上诉请求成立，予以支持。依照《中华人民共和国×××法》第×条、《中华人民共和国民事诉讼法》第一百七十七条第一款第×项规定，判决如下：

一、撤销××××人民法院（××××）……民初……号民事判决；

二、……（写明改判内容）。

二审案件受理费……元，由……负担（写明当事人姓名或者名称、负担金额）。

本判决为终审判决。

（情形三：）综上所述，上诉人的上诉请求部分成立。依照《中华人民共和国×××法》第×条、《中华人民共和国民事诉讼法》第一百七十七条第一款第×项规定，判决如下：

一、维持××××人民法院（××××）……民初……号民事判决第×项；

二、撤销××××人民法院（××××）……民初……号民事判决第×项；

三、变更××××人民法院（××××）……民初……号民事判决第×项为……；

四、……（写明新增判项）。

一审案件受理费……元，由……负担（写明当事人姓名或者名称、负担金额）。二审案件受理费……元，由……负担（写明当事人姓名或者名称、负担金额）。

本判决为终审判决。

审 判 长　×××
审 判 员　×××
审 判 员　×××

××××年××月××日
（院印）
书 记 员　×××

第二章
商品房预售合同纠纷案件

第一节 常见请求权基础

一、违约金请求权

《中华人民共和国民法典》（2020年5月28日公布 2021年1月1日施行）

第五百八十五条 当事人可以约定一方违约时应当根据违约情况向对方支付一定数额的违约金，也可以约定因违约产生的损失赔偿额的计算方法。

约定的违约金低于造成的损失的，人民法院或者仲裁机构可以根据当事人的请求予以增加；约定的违约金过分高于造成的损失的，人民法院或者仲裁机构可以根据当事人的请求予以适当减少。

当事人就迟延履行约定违约金的，违约方支付违约金后，还应当履行债务。

二、继续履行请求权（含除外情形）

📄《中华人民共和国民法典》

第五百八十条 当事人一方不履行非金钱债务或者履行非金钱债务不符合约定的，对方可以请求履行，但是有下列情形之一的除外：

（一）法律上或者事实上不能履行；

（二）债务的标的不适于强制履行或者履行费用过高；

（三）债权人在合理期限内未请求履行。

有前款规定的除外情形之一，致使不能实现合同目的的，人民法院或者仲裁机构可以根据当事人的请求终止合同权利义务关系，但是不影响违约责任的承担。

三、解除合同请求权

📄《中华人民共和国民法典》

第五百六十二条 当事人协商一致，可以解除合同。

当事人可以约定一方解除合同的事由。解除合同的事由发生时，解除权人可以解除合同。

第五百六十三条 有下列情形之一的，当事人可以解除合同：

（一）因不可抗力致使不能实现合同目的；

（二）在履行期限届满前，当事人一方明确表示或者以自己的行为表明不履行主要债务；

（三）当事人一方迟延履行主要债务，经催告后在合理期限内仍未履行；

（四）当事人一方迟延履行债务或者有其他违约行为致使不能实现合同目的；

（五）法律规定的其他情形。

以持续履行的债务为内容的不定期合同，当事人可以随时解除合同，但是应当在合理期限之前通知对方。

四、损失赔偿请求权

📄 《中华人民共和国民法典》

第五百八十三条 当事人一方不履行合同义务或者履行合同义务不符合约定的，在履行义务或者采取补救措施后，对方还有其他损失的，应当赔偿损失。

第二节 基本要素事实

一、合同主体

关联规范

📄 《最高人民法院关于审理商品房买卖合同纠纷案件适用法律若干问题的解释》（2020年12月29日修正 2021年1月1日施行）

第一条 本解释所称的商品房买卖合同，是指房地产开发企业（以下统称为出卖人）将尚未建成或者已竣工的房屋向社会销售并转移房屋所有权于买受人，买受人支付价款的合同。

二、合同主要内容

关联规范

《商品房销售管理办法》（2001 年 4 月 4 日公布　2001 年 6 月 1 日施行）

第十六条　商品房销售时，房地产开发企业和买受人应当订立书面商品房买卖合同。

商品房买卖合同应当明确以下主要内容：

（一）当事人名称或者姓名和住所；

（二）商品房基本状况；

（三）商品房的销售方式；

（四）商品房价款的确定方式及总价款、付款方式、付款时间；

（五）交付使用条件及日期；

（六）装饰、设备标准承诺；

（七）供水、供电、供热、燃气、通讯、道路、绿化等配套基础设施和公共设施的交付承诺和有关权益、责任；

（八）公共配套建筑的产权归属；

（九）面积差异的处理方式；

（十）办理产权登记有关事宜；

（十一）解决争议的方法；

（十二）违约责任；

（十三）双方约定的其他事项。

📖《最高人民法院关于审理商品房买卖合同纠纷案件适用法律若干问题的解释》

第三条 商品房的销售广告和宣传资料为要约邀请，但是出卖人就商品房开发规划范围内的房屋及相关设施所作的说明和允诺具体确定，并对商品房买卖合同的订立以及房屋价格的确定有重大影响的，构成要约。该说明和允诺即使未载入商品房买卖合同，亦应当为合同内容，当事人违反的，应当承担违约责任。

第五条 商品房的认购、订购、预订等协议具备《商品房销售管理办法》第十六条规定的商品房买卖合同的主要内容，并且出卖人已经按照约定收受购房款的，该协议应当认定为商品房买卖合同。

三、合同效力

关联规范

📖《中华人民共和国民法典》

第一百四十四条 无民事行为能力人实施的民事法律行为无效。

第一百四十六条 行为人与相对人以虚假的意思表示实施的民事法律行为无效。

以虚假的意思表示隐藏的民事法律行为的效力，依照有关法律规定处理。

第一百四十七条 基于重大误解实施的民事法律行为，行为人有权请求人民法院或者仲裁机构予以撤销。

第一百四十八条 一方以欺诈手段，使对方在违背真实意思的情况下实施的民事法律行为，受欺诈方有权请求人民法院或者仲裁机构予以撤销。

第二章 商品房预售合同纠纷案件

第一百四十九条 第三人实施欺诈行为，使一方在违背真实意思的情况下实施的民事法律行为，对方知道或者应当知道该欺诈行为的，受欺诈方有权请求人民法院或者仲裁机构予以撤销。

第一百五十条 一方或者第三人以胁迫手段，使对方在违背真实意思的情况下实施的民事法律行为，受胁迫方有权请求人民法院或者仲裁机构予以撤销。

第一百五十一条 一方利用对方处于危困状态、缺乏判断能力等情形，致使民事法律行为成立时显失公平的，受损害方有权请求人民法院或者仲裁机构予以撤销。

第一百五十三条 违反法律、行政法规的强制性规定的民事法律行为无效。但是，该强制性规定不导致该民事法律行为无效的除外。

违背公序良俗的民事法律行为无效。

第一百五十四条 行为人与相对人恶意串通，损害他人合法权益的民事法律行为无效。

《最高人民法院关于审理商品房买卖合同纠纷案件适用法律若干问题的解释》

第二条 出卖人未取得商品房预售许可证明，与买受人订立的商品房预售合同，应当认定无效，但是在起诉前取得商品房预售许可证明的，可以认定有效。

第六条 当事人以商品房预售合同未按照法律、行政法规规定办理登记备案手续为由，请求确认合同无效的，不予支持。

当事人约定以办理登记备案手续为商品房预售合同生效条件的，从其约定，但当事人一方已经履行主要义务，对方接受的除外。

第七条 买受人以出卖人与第三人恶意串通，另行订立商品房买卖合同并将房屋交付使用，导致其无法取得房屋为由，请求确认出卖人与第三人订立的商品房买卖合同无效的，应予支持。

四、合同的履行

关联规范

《中华人民共和国民法典》

第五百零九条 当事人应当按照约定全面履行自己的义务。

当事人应当遵循诚信原则，根据合同的性质、目的和交易习惯履行通知、协助、保密等义务。

当事人在履行合同过程中，应当避免浪费资源、污染环境和破坏生态。

第五百一十条 合同生效后，当事人就质量、价款或者报酬、履行地点等内容没有约定或者约定不明确的，可以协议补充；不能达成补充协议的，按照合同相关条款或者交易习惯确定。

第五百一十一条 当事人就有关合同内容约定不明确，依据前条规定仍不能确定的，适用下列规定：

（一）质量要求不明确的，按照强制性国家标准履行；没有强制性国家标准的，按照推荐性国家标准履行；没有推荐性国家标准的，按照行业标准履行；没有国家标准、行业标准的，按照通常标准或者符合合同目的的特定标准履行。

（二）价款或者报酬不明确的，按照订立合同时履行地的市场价格履行；依法应当执行政府定价或者政府指导价的，依照规定履行。

（三）履行地点不明确，给付货币的，在接受货币一方所在地履行；交付不动产的，在不动产所在地履行；其他标的，在履行义务一方所在地履行。

（四）履行期限不明确的，债务人可以随时履行，债权人也可以随时请求履行，但是应当给对方必要的准备时间。

（五）履行方式不明确的，按照有利于实现合同目的的方式履行。

（六）履行费用的负担不明确的，由履行义务一方负担；因债权人原因增加的履行费用，由债权人负担。

第五百二十二条 当事人约定由债务人向第三人履行债务，债务人未向第三人履行债务或者履行债务不符合约定的，应当向债权人承担违约责任。

法律规定或者当事人约定第三人可以直接请求债务人向其履行债务，第三人未在合理期限内明确拒绝，债务人未向第三人履行债务或者履行债务不符合约定的，第三人可以请求债务人承担违约责任；债务人对债权人的抗辩，可以向第三人主张。

第五百二十三条 当事人约定由第三人向债权人履行债务，第三人不履行债务或者履行债务不符合约定的，债务人应当向债权人承担违约责任。

第五百二十五条 当事人互负债务，没有先后履行顺序的，应当同时履行。一方在对方履行之前有权拒绝其履行请求。一方在对方履行债务不符合约定时，有权拒绝其相应的履行请求。

第五百二十六条 当事人互负债务，有先后履行顺序，应当先履行债务一方未履行的，后履行一方有权拒绝其履行请求。先履行一方履行债务不符合约定的，后履行一方有权拒绝其相应的履行请求。

第五百二十七条 应当先履行债务的当事人，有确切证据证明对方有下列情形之一的，可以中止履行：

（一）经营状况严重恶化；

（二）转移财产、抽逃资金，以逃避债务；

（三）丧失商业信誉；

（四）有丧失或者可能丧失履行债务能力的其他情形。

当事人没有确切证据中止履行的，应当承担违约责任。

第五百九十八条 出卖人应当履行向买受人交付标的物或者交付提取标的物的单证，并转移标的物所有权的义务。

第五百九十九条 出卖人应当按照约定或者交易习惯向买受人交付提取标的物单证以外的有关单证和资料。

第六百二十六条 买受人应当按照约定的数额和支付方式支付价款。对价款的数额和支付方式没有约定或者约定不明确的，适用本法第五百一十条、第五百一十一条第二项和第五项的规定。

第六百二十八条 买受人应当按照约定的时间支付价款。对支付时间没有约定或者约定不明确，依据本法第五百一十条的规定仍不能确定的，买受人应当在收到标的物或者提取标的物单证的同时支付。

第三节　主要争点问题说理

一、迟延办证违约金相关法律问题

（一）出卖人是否应承担迟延办证的违约责任

裁判依据

《中华人民共和国民法典》

第五百八十三条 当事人一方不履行合同义务或者履行合同义务不符合约定的，在履行义务或者采取补救措施后，对方还有其他损失的，应当赔偿损失。

第五百八十五条 当事人可以约定一方违约时应当根据违约情况向对方支付一定数额的违约金，也可以约定因违约产生的损失赔偿额的计算方法。

约定的违约金低于造成的损失的，人民法院或者仲裁机构可以根据当事人的请求予以增加；约定的违约金过分高于造成的损失的，人民法院或者仲裁机构可以根据当事人的请求予以适当减少。

当事人就迟延履行约定违约金的，违约方支付违约金后，还应当履行债务。

第五百九十三条 当事人一方因第三人的原因造成违约的，应当依法向对方承担违约责任。当事人一方和第三人之间的纠纷，依照法律规定或者按照约定处理。

第五百九十八条 出卖人应当履行向买受人交付标的物或者交付提取标的物的单证，并转移标的物所有权的义务。

裁判理由

根据《中华人民共和国民法典》第五百九十八条规定，向买受人转移房屋所有权是出卖人的基本义务，因此，出卖人有义务为买受人办理房地产证。涉案合同约定，出卖人应在将涉案房地产交付给买受人之日起××日内为买受人办理并取得《房地产证》（简述合同关于办证期限的约定）。本案中出卖人未能按约定期限将案涉房产转移登记至买受人名下，应承担相应的违约责任。买受人诉请出卖人支付迟延办证的违约金，符合合同约定。出卖人主张其无须承担迟延办证的违约责任，本院不予采纳。

（二）出卖人承担迟延办证违约金责任的期间应如何计算

裁判依据

《中华人民共和国民法典》

第五百八十五条 当事人可以约定一方违约时应当根据违约情况向对方支付一定数额的违约金，也可以约定因违约产生的损失赔偿额的计算方法。

约定的违约金低于造成的损失的，人民法院或者仲裁机构可以根据当事人的请求予以增加；约定的违约金过分高于造成的损失的，人民法院或者仲裁机构可以根据当事人的请求予以适当减少。

当事人就迟延履行约定违约金的，违约方支付违约金后，还应当履行债务。

裁判理由

情形一：涉案合同约定迟延办证违约金自房地产交付之日后第××日起计至买受人实际取得《房地产证》之日止（简述合同关于违约金计算期间的约定）。本案中出卖人未按约定时间完成初始登记（或其他违反办证义务的情形），导致涉案房产迟至××××年××月××日才转移登记至买受人名下，故出卖人承担迟延办证违约金责任的期间应自涉案房地产交付之日后第××日即××××年××月××日起计至办证之日即××××年××月××日止。

情形二：买受人请求出卖人支付迟延办证违约金至实际办出房地产证之日止，鉴于本案诉讼期间买受人的房地产证仍未办出，本院对买受人的请求予以部分支持，判令出卖人承担迟延办证违约金至判决确定之日止；至于之后仍未办出房地产证的问题，由于办证需要买卖双方的配合，对于判决作出后仍未办理房地产证的原因尚无法查明，可由买受人另循法律途径解决。

情形三：涉案合同虽约定迟延办证违约金计至买受人实际取得《房地产证》之日止，但考虑到在房地产项目办理完初始登记且出卖人履行完通知办证义务之后，在买受人积极配合办证的情况下，房地证产应能在合理的期限内办理，因此，本案的违约金截止日期应计至出卖人通知办证之日起的合理期限止。（结合案情论述酌定合理办证期限所考虑的因素），本院酌定在出卖人通知办证后，在××个自然日的合理期限内应当能办理出房地产证，因此，出卖人承担违约金责任的期间应计算至其通知到买受人办证后的第××日止，对于之后仍未办理出房地产证的买受人，应认定其未积极履行配合办证义务，对于此后未办证的后果应由其自行承担。

（三）买受人迟延履行配合办证义务期间是否应当从迟延办证违约金计算天数中扣减

裁判依据

📄《中华人民共和国民法典》

第五百九十二条 当事人都违反合同的，应当各自承担相应的责任。

当事人一方违约造成对方损失，对方对损失的发生有过错的，可以减少相应的损失赔偿额。

裁判理由

买受人负有配合出卖人办理房地产证的义务。本案中买受人收到通知办证的时间为××××年××月××日，根据通知内容，买受人应当在××××年××月××日前配合提交办证资料，但买受人直至××××年××月××日才提交办证资料，逾期××

天，对于该段期间迟延办证的后果应由买受人自行承担，因此，迟延办证违约金计算天数中应扣减买受人逾期提交办证资料的天数。

（四）出卖人主张的免责事由是否成立

裁判依据

📄《最高人民法院关于审理商品房买卖合同纠纷案件适用法律若干问题的解释》

第十四条　由于出卖人的原因，买受人在下列期限届满未能取得不动产权属证书的，除当事人有特殊约定外，出卖人应当承担违约责任：

（一）商品房买卖合同约定的办理不动产登记的期限；

（二）商品房买卖合同的标的物为尚未建成房屋的，自房屋交付使用之日起 90 日；

（三）商品房买卖合同的标的物为已竣工房屋的，自合同订立之日起 90 日。

合同没有约定违约金或者损失数额难以确定的，可以按照已付购房款总额，参照中国人民银行规定的金融机构计收逾期贷款利息的标准计算。

裁判理由

出卖人未按约定时间完成初始登记，导致涉案房产未能按约定期限转移登记至买受人名下，应承担迟延办证的违约责任。出卖人抗辩称，迟延办证系周边市政配套设施极不完善、规划变更、补签土地使用权出让合同等客观原因造成，但出卖人作为专业的房地产开发企业，对办理产权登记手续的流程、周期理应有充分了解，合同约定的交房后××日的办证期限亦为出卖人办理不动产初始登记预留了充足的时间，且根据《中华人民共和国民法典》第五百九十三条的规定，当事人一方因第三人的原因造成违约的，应当向对方承担违约责任，即出卖人不得以第三人的原因为由免除其应承担的违约责任。综上，出卖人的抗辩理由不成立，本院不予采纳。

二、迟延交房违约金相关法律问题

（一）出卖人是否应承担迟延交房的违约责任

裁判依据

《中华人民共和国民法典》

第五百八十三条 当事人一方不履行合同义务或者履行合同义务不符合约定的，在履行义务或者采取补救措施后，对方还有其他损失的，应当赔偿损失。

第五百八十五条 当事人可以约定一方违约时应当根据违约情况向对方支付一定数额的违约金，也可以约定因违约产生的损失赔偿额的计算方法。

约定的违约金低于造成的损失的，人民法院或者仲裁机构可以根据当事人的请求予以增加；约定的违约金过分高于造成的损失的，人民法院或者仲裁机构可以根据当事人的请求予以适当减少。

当事人就迟延履行约定违约金的，违约方支付违约金后，还应当履行债务。

第五百九十三条 当事人一方因第三人的原因造成违约的，应当依法向对方承担违约责任。当事人一方和第三人之间的纠纷，依照法律规定或者按照约定处理。

第五百九十八条 出卖人应当履行向买受人交付标的物或者交付

提取标的物的单证，并转移标的物所有权的义务。

裁判理由

根据《中华人民共和国民法典》第五百九十八条规定，向买受人交付房屋是出卖人的基本义务，同时，出卖人所交付的房屋应当符合法定和约定的条件。涉案合同约定，出卖人应当于××××年××月××日前将涉案房地产交付给买受人，交付前应取得《××市建设工程竣工验收备案（回执）》（简述合同关于交房期限及交房条件的约定），因此，出卖人应举证证明其在上述交房期限届满前已具备交房条件且履行交付义务。但出卖人迟至××××年××月××日才取得《××市建设工程竣工验收备案（回执）》（简述迟延交房情形），导致未能在约定期限内向买受人交房，违反了合同关于交房义务的约定，已构成违约，应承担相应的违约责任，买受人诉请出卖人支付迟延交房的违约金，符合合同约定。出卖人主张其无须承担迟延交房的违约责任，本院不予采纳。

（二）出卖人承担迟延交房违约金责任的期间应如何计算

裁判依据

📖《中华人民共和国民法典》

第五百八十五条 当事人可以约定一方违约时应当根据违约情况向对方支付一定数额的违约金，也可以约定因违约产生的损失赔偿额的计算方法。

约定的违约金低于造成的损失的，人民法院或者仲裁机构可以根据当事人的请求予以增加；约定的违约金过分高于造成的损失的，人民法院或者仲裁机构可以根据当事人的请求予以适当减少。

当事人就迟延履行约定违约金的，违约方支付违约金后，还应当

第二章 商品房预售合同纠纷案件

履行债务。

裁判理由

涉案合同约定迟延交房违约金自约定的交付期限届满日之次日起计至实际交付之日止（简述合同关于违约金计算期间的约定）。本案中出卖人未按约定时间取得《××市建设工程竣工验收备案（回执）》（或其他违反交房义务的情形），导致涉案房产迟至××××年××月××日才交付给买受人，故出卖人承担迟延交房违约金责任的期间应自约定的交付期限届满日之次日即××××年××月××日起计至交房之日即××××年××月××日止。

（三）买受人拒绝收房的理由是否成立

裁判依据

《中华人民共和国民法典》

第五百零九条 当事人应当按照约定全面履行自己的义务。

当事人应当遵循诚信原则，根据合同的性质、目的和交易习惯履行通知、协助、保密等义务。

当事人在履行合同过程中，应当避免浪费资源、污染环境和破坏生态。

第六百一十条 因标的物不符合质量要求，致使不能实现合同目的的，买受人可以拒绝接受标的物或者解除合同。买受人拒绝接受标的物或者解除合同的，标的物毁损、灭失的风险由出卖人承担。

裁判理由

情形一：涉案合同约定，买受人仅在具备除房屋质量瑕疵问题以外的法定理由的情况下才可拒绝接收房屋，房屋质量瑕疵问题则应由当事人通过保修予以解决。上述约定是当事人的真实意思表示，其内容不违反法律、行政法规的强制性规定，亦未免除房屋出卖人就房屋质量问题应承担的保修责任，合法有效，对双方当事人均有法律约束力。据此，房屋质量瑕疵问题依约不构成认定房屋是否交付的条件，而应由当事人之间通过承担保修责任的方式予以解决。本案中买受人主张的质量问题不属于房屋主体质量问题或者严重影响房屋正常居住使用功能的质量问题，买受人以房屋存在质量瑕疵为由拒绝收房，并据此主张由出卖人承担迟延交房违约责任，欠缺法律和合同依据，本院不予支持。

情形二：根据买受人提供的证据或鉴定意见，涉案房屋确实存在主体结构质量不合格的问题，应认定涉案房屋不符合交付条件，买受人有权拒收房屋，出卖人应对因此而造成的迟延交房的后果承担违约责任。

三、出卖人请求调低违约金标准的请求能否得到支持

裁判依据

《中华人民共和国民法典》

第五百八十五条　当事人可以约定一方违约时应当根据违约情况向对方支付一定数额的违约金，也可以约定因违约产生的损失赔偿额的计算方法。

约定的违约金低于造成的损失的，人民法院或者仲裁机构可以根据当事人的请求予以增加；约定的违约金过分高于造成的损失的，人民法院或者仲裁机构可以根据当事人的请求予以适当减少。

当事人就迟延履行约定违约金的，违约方支付违约金后，还应当履行债务。

裁判理由

根据合同约定，对于延期办证时间未达到××日的，违约金按房屋总价款日万分之×计算，对于延期办证时间超过××日的，按日万分之×计算（简述合同关于违约金计算标准的约定）。出卖人主张违约金过高，请求调低，但其未举证证明本案存在违约金过分高于造成的损失的情形，故对出卖人上述请求，本院不予支持。买受人请求出卖人按照合同约定标准支付迟延办证违约金，应予支持。

四、买受人请求的违约金是否超过诉讼时效期间

裁判依据

《中华人民共和国民法典》

第一百八十八条　向人民法院请求保护民事权利的诉讼时效期间为三年。法律另有规定的，依照其规定。

诉讼时效期间自权利人知道或者应当知道权利受到损害以及义务人之日起计算。法律另有规定的，依照其规定。但是，自权利受到损害之日起超过二十年的，人民法院不予保护，有特殊情况的，人民法院可以根据权利人的申请决定延长。

裁判理由

本案中，双方当事人约定以每日为单位累计计算违约金，故该违约金在法律性质上不属于同一债务分期履行，而系由每日个别债权组成的继续性债权，应就每个个别债权分别适用诉讼时效规则。鉴于出卖人的迟延办证（交房）的违约行为在一审起诉时仍在继续，买受人请求出卖人支付自起诉之日倒计的三年内违约金，符合《中华人民共和国民法典》第一百八十八条的规定，本院予以支持。

第四节　庭审（调查）提问提纲

要素一：合同主体
买受人的代理人是否具有代理权？
要素二：合同内容
涉案合同约定的价款及付款方式和时间？
涉案合同约定的交房条件及交房期限？
涉案合同关于迟延交房违约金如何约定？
涉案合同约定的办证期限？
涉案合同关于迟延办证违约金如何约定？
涉案合同关于出卖人免责事由如何约定？
要素三：合同效力
出卖人是否取得商品房预售许可证明？
出卖人是否就合同中的免责条款履行了提醒说明的义务？
要素四：合同履行
买受人是否按照约定履行了付款义务？
未履行付款义务的原因是什么？
涉案房地产项目何时办理了竣工验收备案登记？
出卖人是否按照约定履行了交房义务？具体的交房时间及交房凭证？
出卖人未按照约定履行交房义务的原因是什么？
买受人拒绝收房的理由是什么？
涉案房地产项目何时办理初始登记？
涉案房地产项目未在约定期限内完成初始登记的原因是什么？
出卖人是否履行了通知办证的义务？
买受人是否履行了配合办证的义务？
涉案房产何时办理房地产权转移登记手续？
涉案房产未在约定期限内办理房地产权转移登记手续的原因是什么？
要素五：双方争议焦点
出卖人是否应承担迟延办证的违约责任？

续表

出卖人承担迟延办证违约责任的期间应如何计算？
买受人迟延履行配合办证义务期间是否应当从迟延办证违约金计算天数中扣减？
出卖人主张的免责事由是否成立？
出卖人是否应承担迟延交房的违约责任？
出卖人承担迟延交房违约金责任的期间应如何计算？
买受人拒绝收房的理由是否成立？
出卖人请求调低违约金标准的请求能否得到支持？
买受人请求的违约金是否超过诉讼时效期间？

第五节　裁判文书模板

××××人民法院
民事判决书

（××××）……民终……号

上诉人（原审诉讼地位）：×××，……。

法定代理人/指定代理人/法定代表人/主要负责人：×××，……。

委托诉讼代理人：×××，……。

被上诉人（原审诉讼地位）：×××，……。

法定代理人/指定代理人/法定代表人/主要负责人：×××，……。

委托诉讼代理人：×××，……。

原审原告/被告/第三人：×××，……。

法定代理人/指定代理人/法定代表人/主要负责人：

×××，……。

委托诉讼代理人：×××，……。

（以上写明当事人和其他诉讼参加人的姓名或者名称等基本信息）

上诉人×××因与被上诉人×××/上诉人×××及原审原告/被告/第三人×××商品房预售合同纠纷一案，不服××××人民法院（××××）……民初……号民事判决，向本院提起上诉。本院于××××年××月××日立案受理，依法组成合议庭审理了本案。本案现已审理终结。

×××上诉请求：……（写明上诉请求）。事实和理由：……（概述上诉人主张的事实和理由）。

×××辩称，……（概述被上诉人答辩意见）。

×××述称，……（概述原审原告/被告/第三人陈述意见）。

×××向一审法院起诉请求：……（写明原告/反诉原告/有独立请求权的第三人的诉讼请求）。

一审法院认定事实：……（概述一审认定的事实）。一审法院认为，……（概述一审裁判理由）。判决：……（写明一审判决主文）。

（情形一：）本院二审期间，各方当事人没有提交新证据。一审判决查明事实（详见一审判决书）清楚，本院予以确认。

（情形二：）本院二审期间，当事人提交了以下证据，用以证明……。当事人质证认为：……。

本院二审查明：

（要素一：）买受人的代理人是否具有代理权？

（要素二：）涉案合同约定的价款及付款方式和时间？

（要素三：）涉案合同约定的交房条件及交房期限？

（要素四：）涉案合同关于迟延交房违约金如何约定？

（要素五：）涉案合同约定的办证期限？

（要素六：）涉案合同关于迟延办证违约金如何约定？

（要素七：）涉案合同关于出卖人免责事由如何约定？

（要素八：）出卖人是否取得商品房预售许可证明？

（要素九：）出卖人是否就合同中的免责条款履行了提醒说明的义务？

（要素十：）买受人是否按照约定履行了付款义务？

（要素十一：）未履行付款义务的原因是什么？

（要素十二：）涉案房地产项目何时办理了竣工验收备案登记？

（要素十三：）出卖人是否按照约定履行了交房义务？具体的交房时间及交房凭证？

（要素十四：）出卖人未按照约定履行交房义务的原因是什么？

（要素十五：）买受人拒绝收房的理由是什么？

（要素十六：）涉案房地产项目何时办理初始登记？

（要素十七：）涉案房地产项目未在约定期限内完成初始登记的原因是什么？

（要素十八：）出卖人是否履行了通知办证的义务？

（要素十九：）买受人是否履行了配合办证的义务？

（要素二十：）涉案房产何时办理房地产权转移登记手续？

（要素二十一：）涉案房产未在约定期限内办理房地产权转移登记手续的原因是什么？

本院认为，本案系商品房预售合同纠纷，各方当事人的二审争议焦点为：一、……；二、……；三、……。（根据二审认定的案件事实和相关法律规定，对当事人的上诉请求进行分析评判，说明理由。）

（情形一：）综上所述，上诉人的上诉请求不能成立，应予驳回。

一审判决认定事实清楚，适用法律正确，应予维持。依照《中华人民共和国民事诉讼法》第一百七十七条第一款第一项之规定，判决如下：

驳回上诉，维持原判。

二审案件受理费……元，由上诉人×××负担。

本判决为终审判决。

（情形二：）综上所述，上诉人的上诉请求成立，予以支持。依照《中华人民共和国×××法》第×条、《中华人民共和国民事诉讼法》第一百七十七条第一款第×项规定，判决如下：

一、撤销××××人民法院（××××）……民初……号民事判决；

二、……（写明改判内容）。

二审案件受理费……元，由……负担（写明当事人姓名或者名称、负担金额）。

本判决为终审判决。

（情形三：）综上所述，上诉人的上诉请求部分成立。依照《中华人民共和国×××法》第×条、《中华人民共和国民事诉讼法》第一百七十七条第一款第×项规定，判决如下：

一、维持××××人民法院（××××）……民初……号民事判决第×项；

二、撤销××××人民法院（××××）……民初……号民事判决第×项；

三、变更××××人民法院（××××）……民初……号民事判决第×项为……；

四、……（写明新增判项）。

一审案件受理费……元，由……负担（写明当事人姓名或者名称、负担金额）。二审案件受理费……元，由……负担（写明当事人姓名或者名称、负担金额）。

本判决为终审判决。

审　判　长　×××
审　判　员　×××
审　判　员　×××

××××年××月××日
（院印）
书　记　员　×××

第三章
民间借贷纠纷案件

第一节　常见请求权基础

一、借款返还请求权

📄《中华人民共和国民法典》（2020年5月28日公布　2021年1月1日施行）

第六百七十五条　借款人应当按照约定的期限返还借款。对借款期限没有约定或者约定不明确，依据本法第五百一十条的规定仍不能确定的，借款人可以随时返还；贷款人可以催告借款人在合理期限内返还。

二、利息支付请求权

📄《中华人民共和国民法典》

第六百七十四条　借款人应当按照约定的期限支付利息。对支付利息的期限没有约定或者约定不明确，依据本法第五百一十条的规定仍不能确定，借款期间不满一年的，应当在返还借款时一并支付；借款期间一年以上的，应当在每届满一年时支付，剩余期间不满一年的，应当在返还借款时一并支付。

第六百七十六条 借款人未按照约定的期限返还借款的，应当按照约定或者国家有关规定支付逾期利息。

三、一般保证责任请求权

《中华人民共和国民法典》

第六百八十六条 保证的方式包括一般保证和连带责任保证。

当事人在保证合同中对保证方式没有约定或者约定不明确的，按照一般保证承担保证责任。

第六百八十七条 当事人在保证合同中约定，债务人不能履行债务时，由保证人承担保证责任的，为一般保证。

一般保证的保证人在主合同纠纷未经审判或者仲裁，并就债务人财产依法强制执行仍不能履行债务前，有权拒绝向债权人承担保证责任，但是有下列情形之一的除外：

（一）债务人下落不明，且无财产可供执行；

（二）人民法院已经受理债务人破产案件；

（三）债权人有证据证明债务人的财产不足以履行全部债务或者丧失履行债务能力；

（四）保证人书面表示放弃本款规定的权利。

四、连带保证责任请求权

《中华人民共和国民法典》

第六百八十八条 当事人在保证合同中约定保证人和债务人对债

务承担连带责任的，为连带责任保证。

连带责任保证的债务人不履行到期债务或者发生当事人约定的情形时，债权人可以请求债务人履行债务，也可以请求保证人在其保证范围内承担保证责任。

五、抵押权请求权

《中华人民共和国民法典》

第三百九十四条 为担保债务的履行，债务人或者第三人不转移财产的占有，将该财产抵押给债权人的，债务人不履行到期债务或者发生当事人约定的实现抵押权的情形，债权人有权就该财产优先受偿。

前款规定的债务人或者第三人为抵押人，债权人为抵押权人，提供担保的财产为抵押财产。

六、动产质权请求权

《中华人民共和国民法典》

第四百二十五条 为担保债务的履行，债务人或者第三人将其动产出质给债权人占有的，债务人不履行到期债务或者发生当事人约定的实现质权的情形，债权人有权就该动产优先受偿。

前款规定的债务人或者第三人为出质人，债权人为质权人，交付的动产为质押财产。

七、夫妻共同债务请求权

📖《中华人民共和国民法典》

第一千零六十四条 夫妻双方共同签名或者夫妻一方事后追认等共同意思表示所负的债务，以及夫妻一方在婚姻关系存续期间以个人名义为家庭日常生活需要所负的债务，属于夫妻共同债务。

夫妻一方在婚姻关系存续期间以个人名义超出家庭日常生活需要所负的债务，不属于夫妻共同债务；但是，债权人能够证明该债务用于夫妻共同生活、共同生产经营或者基于夫妻双方共同意思表示的除外。

第一千零八十九条 离婚时，夫妻共同债务应当共同偿还。共同财产不足清偿或者财产归各自所有的，由双方协议清偿；协议不成的，由人民法院判决。

第二节 基本要素事实

一、借贷主体及法律关系

关联规范

📖《最高人民法院关于审理民间借贷案件适用法律若干问题的规定》
（2020年12月29日修正　2021年1月1日施行）

第一条 本规定所称的民间借贷，是指自然人、法人和非法人组织之间进行资金融通的行为。

经金融监管部门批准设立的从事贷款业务的金融机构及其分支机构，因发放贷款等相关金融业务引发的纠纷，不适用本规定。

第十四条 原告以借据、收据、欠条等债权凭证为依据提起民间借贷诉讼，被告依据基础法律关系提出抗辩或者反诉，并提供证据证明债权纠纷非民间借贷行为引起的，人民法院应当依据查明的案件事实，按照基础法律关系审理。

当事人通过调解、和解或者清算达成的债权债务协议，不适用前款规定。

第十六条 原告仅依据金融机构的转账凭证提起民间借贷诉讼，被告抗辩转账系偿还双方之前借款或者其他债务的，被告应当对其主张提供证据证明。被告提供相应证据证明其主张后，原告仍应就借贷关系的成立承担举证责任。

第二十二条 法人的法定代表人或者非法人组织的负责人以单位名义与出借人签订民间借贷合同，有证据证明所借款项系法定代表人或者负责人个人使用，出借人请求将法定代表人或者负责人列为共同被告或者第三人的，人民法院应予准许。

法人的法定代表人或者非法人组织的负责人以个人名义与出借人订立民间借贷合同，所借款项用于单位生产经营，出借人请求单位与个人共同承担责任的，人民法院应予支持。

二、借贷形式及主要条款

关联规范

《中华人民共和国民法典》

第六百六十八条 借款合同应当采用书面形式,但是自然人之间借款另有约定的除外。

借款合同的内容一般包括借款种类、币种、用途、数额、利率、期限和还款方式等条款。

《最高人民法院关于审理民间借贷案件适用法律若干问题的规定》

第二条 出借人向人民法院提起民间借贷诉讼时,应当提供借据、收据、欠条等债权凭证以及其他能够证明借贷法律关系存在的证据。

当事人持有的借据、收据、欠条等债权凭证没有载明债权人,持有债权凭证的当事人提起民间借贷诉讼的,人民法院应予受理。被告对原告的债权人资格提出有事实依据的抗辩,人民法院经审查认为原告不具有债权人资格的,裁定驳回起诉。

三、合同的成立

关联规范

《中华人民共和国民法典》

第一百三十六条 民事法律行为自成立时生效,但是法律另有规定或者当事人另有约定的除外。

行为人非依法律规定或者未经对方同意,不得擅自变更或者解除民事法律行为。

第六百七十九条 自然人之间的借款合同，自贷款人提供借款时成立。

📄 《最高人民法院关于审理民间借贷案件适用法律若干问题的规定》

第九条 自然人之间的借款合同具有下列情形之一的，可以视为合同成立：

（一）以现金支付的，自借款人收到借款时；

（二）以银行转账、网上电子汇款等形式支付的，自资金到达借款人账户时；

（三）以票据交付的，自借款人依法取得票据权利时；

（四）出借人将特定资金账户支配权授权给借款人的，自借款人取得对该账户实际支配权时；

（五）出借人以与借款人约定的其他方式提供借款并实际履行完成时。

四、合同的效力

关联规范

📄 《中华人民共和国民法典》

第一百四十三条 具备下列条件的民事法律行为有效：

（一）行为人具有相应的民事行为能力；

（二）意思表示真实；

（三）不违反法律、行政法规的强制性规定，不违背公序良俗。

第一百四十四条 无民事行为能力人实施的民事法律行为无效。

第一百四十六条 行为人与相对人以虚假的意思表示实施的民事

法律行为无效。

以虚假的意思表示隐藏的民事法律行为的效力，依照有关法律规定处理。

第一百四十七条 基于重大误解实施的民事法律行为，行为人有权请求人民法院或者仲裁机构予以撤销。

第一百四十八条 一方以欺诈手段，使对方在违背真实意思的情况下实施的民事法律行为，受欺诈方有权请求人民法院或者仲裁机构予以撤销。

第一百四十九条 第三人实施欺诈行为，使一方在违背真实意思的情况下实施的民事法律行为，对方知道或者应当知道该欺诈行为的，受欺诈方有权请求人民法院或者仲裁机构予以撤销。

第一百五十条 一方或者第三人以胁迫手段，使对方在违背真实意思的情况下实施的民事法律行为，受胁迫方有权请求人民法院或者仲裁机构予以撤销。

第一百五十一条 一方利用对方处于危困状态、缺乏判断能力等情形，致使民事法律行为成立时显失公平的，受损害方有权请求人民法院或者仲裁机构予以撤销。

第一百五十三条 违反法律、行政法规的强制性规定的民事法律行为无效。但是，该强制性规定不导致该民事法律行为无效的除外。

违背公序良俗的民事法律行为无效。

第一百五十四条 行为人与相对人恶意串通，损害他人合法权益的民事法律行为无效。

《最高人民法院关于审理民间借贷案件适用法律若干问题的规定》

第十条 法人之间、非法人组织之间以及它们相互之间为生产、经营需要订立的民间借贷合同，除存在民法典第一百四十六条、第一百五十三条、第一百五十四条以及本规定第十三条规定的情形外，当事人主张民间借贷合同有效的，人民法院应予支持。

第十一条　法人或者非法人组织在本单位内部通过借款形式向职工筹集资金，用于本单位生产、经营，且不存在民法典第一百四十四条、第一百四十六条、第一百五十三条、第一百五十四条以及本规定第十三条规定的情形，当事人主张民间借贷合同有效的，人民法院应予支持。

第十三条　具有下列情形之一的，人民法院应当认定民间借贷合同无效：

（一）套取金融机构贷款转贷的；

（二）以向其他营利法人借贷、向本单位职工集资，或者以向公众非法吸收存款等方式取得的资金转贷的；

（三）未依法取得放贷资格的出借人，以营利为目的向社会不特定对象提供借款的；

（四）出借人事先知道或者应当知道借款人借款用于违法犯罪活动仍然提供借款的；

（五）违反法律、行政法规强制性规定的；

（六）违背公序良俗的。

五、合同的履行

关联规范

《中华人民共和国民法典》

第六百七十条　借款的利息不得预先在本金中扣除。利息预先在本金中扣除的，应当按照实际借款数额返还借款并计算利息。

《最高人民法院关于审理民间借贷案件适用法律若干问题的规定》

第十五条　原告仅依据借据、收据、欠条等债权凭证提起民间借贷诉讼，被告抗辩已经偿还借款的，被告应当对其主张提供证据证明。被告提供相应证据证明其主张后，原告仍应就借贷关系的存续承担举证责任。

被告抗辩借贷行为尚未实际发生并能作出合理说明的，人民法院应当结合借贷金额、款项交付、当事人的经济能力、当地或者当事人之间的交易方式、交易习惯、当事人财产变动情况以及证人证言等事实和因素，综合判断查证借贷事实是否发生。

第二十五条　出借人请求借款人按照合同约定利率支付利息的，人民法院应予支持，但是双方约定的利率超过合同成立时一年期贷款市场报价利率四倍的除外。

前款所称"一年期贷款市场报价利率"，是指中国人民银行授权全国银行间同业拆借中心自2019年8月20日起每月发布的一年期贷款市场报价利率。

六、借贷的担保

关联规范

《中华人民共和国民法典》

第三百八十八条　设立担保物权，应当依照本法和其他法律的规定订立担保合同。担保合同包括抵押合同、质押合同和其他具有担保功能的合同。担保合同是主债权债务合同的从合同。主债权债务合同无效的，担保合同无效，但是法律另有规定的除外。

担保合同被确认无效后，债务人、担保人、债权人有过错的，应当根据其过错各自承担相应的民事责任。

第三百九十五条 债务人或者第三人有权处分的下列财产可以抵押：

（一）建筑物和其他土地附着物；

（二）建设用地使用权；

（三）海域使用权；

（四）生产设备、原材料、半成品、产品；

（五）正在建造的建筑物、船舶、航空器；

（六）交通运输工具；

（七）法律、行政法规未禁止抵押的其他财产。

抵押人可以将前款所列财产一并抵押。

第四百条 设立抵押权，当事人应当采用书面形式订立抵押合同。

抵押合同一般包括下列条款：

（一）被担保债权的种类和数额；

（二）债务人履行债务的期限；

（三）抵押财产的名称、数量等情况；

（四）担保的范围。

第四百零一条 抵押权人在债务履行期限届满前，与抵押人约定债务人不履行到期债务时抵押财产归债权人所有的，只能依法就抵押财产优先受偿。

第四百零二条 以本法第三百九十五条第一款第一项至第三项规定的财产或者第五项规定的正在建造的建筑物抵押的，应当办理抵押登记。抵押权自登记时设立。

第四百二十七条 设立质权，当事人应当采用书面形式订立质押合同。

质押合同一般包括下列条款：

（一）被担保债权的种类和数额；

（二）债务人履行债务的期限；

（三）质押财产的名称、数量等情况；

（四）担保的范围；

（五）质押财产交付的时间、方式。

第六百八十四条 保证合同的内容一般包括被保证的主债权的种类、数额，债务人履行债务的期限，保证的方式、范围和期间等条款。

第六百八十五条 保证合同可以是单独订立的书面合同，也可以是主债权债务合同中的保证条款。

第三人单方以书面形式向债权人作出保证，债权人接收且未提出异议的，保证合同成立。

《最高人民法院关于审理民间借贷案件适用法律若干问题的规定》

第二十条 他人在借据、收据、欠条等债权凭证或者借款合同上签名或者盖章，但是未表明其保证人身份或者承担保证责任，或者通过其他事实不能推定其为保证人，出借人请求其承担保证责任的，人民法院不予支持。

第二十一条 借贷双方通过网络贷款平台形成借贷关系，网络贷款平台的提供者仅提供媒介服务，当事人请求其承担担保责任的，人民法院不予支持。

网络贷款平台的提供者通过网页、广告或者其他媒介明示或者有其他证据证明其为借贷提供担保，出借人请求网络贷款平台的提供者承担担保责任的，人民法院应予支持。

第二十三条 当事人以订立买卖合同作为民间借贷合同的担保，借款到期后借款人不能还款，出借人请求履行买卖合同的，人民法院应当按照民间借贷法律关系审理。当事人根据法庭审理情况变更诉讼请求的，人民法院应当准许。

按照民间借贷法律关系审理作出的判决生效后，借款人不履行生效判决确定的金钱债务，出借人可以申请拍卖买卖合同标的物，以偿还债务。就拍卖所得的价款与应偿还借款本息之间的差额，借款人或者出借人有权主张返还或者补偿。

七、夫妻共同债务

关联规范

《中华人民共和国民法典》

第一千零六十四条 夫妻双方共同签名或者夫妻一方事后追认等共同意思表示所负的债务，以及夫妻一方在婚姻关系存续期间以个人名义为家庭日常生活需要所负的债务，属于夫妻共同债务。

夫妻一方在婚姻关系存续期间以个人名义超出家庭日常生活需要所负的债务，不属于夫妻共同债务；但是，债权人能够证明该债务用于夫妻共同生活、共同生产经营或者基于夫妻双方共同意思表示的除外。

第一千零六十五条 男女双方可以约定婚姻关系存续期间所得的财产以及婚前财产归各自所有、共同所有或者部分各自所有、部分共同所有。约定应当采用书面形式。没有约定或者约定不明确的，适用本法第一千零六十二条、第一千零六十三条的规定。

夫妻对婚姻关系存续期间所得的财产以及婚前财产的约定，对双方具有法律约束力。

夫妻对婚姻关系存续期间所得的财产约定归各自所有，夫或者妻一方对外所负的债务，相对人知道该约定的，以夫或者妻一方的个人财产清偿。

第一千零八十九条 离婚时，夫妻共同债务应当共同偿还。共同财产不足清偿或者财产归各自所有的，由双方协议清偿；协议不成的，由人民法院判决。

第三节 主要争点问题说理

一、民间借贷法律关系的认定问题

裁判依据

《最高人民法院关于审理民间借贷案件适用法律若干问题的规定》

第十四条 原告以借据、收据、欠条等债权凭证为依据提起民间借贷诉讼，被告依据基础法律关系提出抗辩或者反诉，并提供证据证明债权纠纷非民间借贷行为引起的，人民法院应当依据查明的案件事实，按照基础法律关系审理。

当事人通过调解、和解或者清算达成的债权债务协议，不适用前款规定。

裁判理由

情形一：出借人以欠条为依据主张双方存在民间借贷法律关系，借款人辩称该欠条形成是因为双方之间存在买卖合同关系，欠条仅为对尚欠货款数额的确认，不影响借款人就出借人所售货物存在质量问题的抗辩，并为此提供了买卖合同、订货单、检验报告等证据予以证明。出借人亦确认双方纠纷非民间借贷行为所引起，亦无证据显示借款人放弃了其作为买受人依法享有的合同权利，故应认定双方之间为买卖合同关系。出借人关于双方已将买卖合同关系变更为民间借贷关系的主张依据不足，不予支持。

情形二：双方当事人原本存在买卖合同关系，但在债权人履行合同约定的交货义务后，债务人作为买卖合同关系的买方，未对涉案买卖合同的货物质量提出异议（或超出合理的验货期限未就货物质量提出异议），又一直拖欠债权人货款。双方当事人对账后就欠付货款的金额、支付时间、逾期利率等达成一致意见，通过债务人向债权人出具欠条的方式确认债务，可以按照民间借贷纠纷案件进行审理。

二、民间借贷关系是否成立问题

（一）仅依据债权凭证主张民间借贷关系成立的认定问题

裁判依据

《最高人民法院关于审理民间借贷案件适用法律若干问题的规定》

第十五条　原告仅依据借据、收据、欠条等债权凭证提起民间借贷诉讼，被告抗辩已经偿还借款的，被告应当对其主张提供证据证明。被告提供相应证据证明其主张后，原告仍应就借贷关系的存续承担举证责任。

被告抗辩借贷行为尚未实际发生并能作出合理说明的，人民法院应当结合借贷金额、款项交付、当事人的经济能力、当地或者当事人之间的交易方式、交易习惯、当事人财产变动情况以及证人证言等事实和因素，综合判断查证借贷事实是否发生。

裁判理由

出借人为证明已履行出借义务，提供了借款人向其出具的借条/借据/收据/欠条，借款人虽称其未实际收到借款，但未提供相应证据予以证明，同时出借人对以现金支付借款的原因、时间、地点、用途等具体细节的陈述并不存在有违常理之处，故借款人未实际收到借款的主张不成立。

（二）仅依据金融机构的转账凭证主张民间借贷关系成立的认定问题

裁判依据

《最高人民法院关于审理民间借贷案件适用法律若干问题的规定》

第十六条　原告仅依据金融机构的转账凭证提起民间借贷诉讼，被告抗辩转账系偿还双方之前借款或者其他债务的，被告应当对其主张提供证据证明。被告提供相应证据证明其主张后，原告仍应就借贷关系的成立承担举证责任。

裁判理由

情形一：出借人为证明双方存在借款关系，提交了相关银行转账凭证，并对未要求借款人出具借条作出了合理解释，借款人虽否认双方存在借贷关系，并称所收款项实为偿还双方之前的借款或其他债务，但对此未提供任何证据予以证明，故出借人关于双方存在借贷关系的主张具有高度盖然性，予以支持。

情形二：出借人仅凭银行转账凭证提起民间借贷诉讼，借款人抗辩转账系偿还双方之前的借款，借款人就其主张提交了相应的证据。在此情形下，出借人仍应就借贷关系的成立承担举证证明责任。出借人除转账凭证外未能提供其他有效证据证明其向借款人的转款性质为借款，故对出借人的主张不予采纳。出借人请求借款人偿还借款，缺乏事实与法律依据，不予支持。

三、民间借贷行为涉嫌刑事犯罪问题

（一）民间借贷行为本身涉嫌非法集资犯罪的处理

裁判依据

《最高人民法院关于审理民间借贷案件适用法律若干问题的规定》

第五条　人民法院立案后，发现民间借贷行为本身涉嫌非法集资等犯罪的，应当裁定驳回起诉，并将涉嫌非法集资等犯罪的线索、材料移送公安或者检察机关。

公安或者检察机关不予立案，或者立案侦查后撤销案件，或者检察机关作出不起诉决定，或者经人民法院生效判决认定不构成非法集资等犯罪，当事人又以同一事实向人民法院提起诉讼的，人民法院应予受理。

裁判理由

借款人提交的有关公安机关作出的立案决定书等证据显示本案所涉民间借贷行为本身已涉嫌非法集资犯罪，故本案已经超出民事案件的受理范围，依法应当驳回起诉。

（二）涉嫌犯罪的行为与民间借贷不属于同一事实的处理

裁判依据

《最高人民法院关于审理民间借贷案件适用法律若干问题的规定》

第六条　人民法院立案后，发现与民间借贷纠纷案件虽有关联但不是同一事实的涉嫌非法集资等犯罪的线索、材料的，人民法院应当继续审理民间借贷纠纷案件，并将涉嫌非法集资等犯罪的线索、材料移送公安或者检察机关。

裁判理由

借款人私刻公章并以私刻的公章在担保人一栏盖章，其私刻公章的行为虽然涉嫌犯罪，且与所涉民间借贷具有一定关联，但借款人私刻公章的行为本身不是民间借贷行为，亦非民间借贷行为不可或缺的组成部分，故对本案所涉民间借贷纠纷，仍应继续审理。

（三）民间借贷行为涉嫌犯罪的合同是否当然无效的认定问题

裁判依据

《最高人民法院关于审理民间借贷案件适用法律若干问题的规定》

第十二条 借款人或者出借人的借贷行为涉嫌犯罪，或者已经生效的裁判认定构成犯罪，当事人提起民事诉讼的，民间借贷合同并不当然无效。人民法院应当依据民法典第一百四十四条、第一百四十六条、第一百五十三条、第一百五十四条以及本规定第十三条之规定，认定民间借贷合同的效力。

担保人以借款人或者出借人的借贷行为涉嫌犯罪或者已经生效的裁判认定构成犯罪为由，主张不承担民事责任的，人民法院应当依据民间借贷合同与担保合同的效力、当事人的过错程度，依法确定担保人的民事责任。

裁判理由

涉案的借贷行为虽然涉嫌犯罪，但本案所涉借款合同并不存在《中华人民共和国民法典》第一百四十四条、第一百四十六条、第一百五十三条、第一百五十四条和《最高人民法院关于审理民间借贷案件适用法律若干问题的规定》第十三条规定的合同无效事由，故被告主张诉争民间借贷合同无效，不予支持。

四、民间借贷合同的效力问题

（一）企业之间签订的民间借贷合同是否有效的认定问题

裁判依据

《最高人民法院关于审理民间借贷案件适用法律若干问题的规定》

第十条　法人之间、非法人组织之间以及它们相互之间为生产、经营需要订立的民间借贷合同，除存在民法典第一百四十六条、第一百五十三条、第一百五十四条以及本规定第十三条规定的情形外，当事人主张民间借贷合同有效的，人民法院应予支持。

第十一条　法人或者非法人组织在本单位内部通过借款形式向职工筹集资金，用于本单位生产、经营，且不存在民法典第一百四十四条、第一百四十六条、第一百五十三条、第一百五十四条以及本规定第十三条规定的情形，当事人主张民间借贷合同有效的，人民法院应予支持。

裁判理由

借贷双方虽然均为企业法人，但并无证据显示出借人是以经常放贷作为主要业务或者以此作为主要收入来源。同时借款人亦未提供充分证据证明涉案民间借贷行为存在《中华人民共和国民法典》第一百四十四条、第一百四十六条、第一百五十三条、第一百五十四条以及《最高人民法院关于审理民间借贷案件适用法律若干问题的规定》第十三条规定的情形，故所涉民间借贷合同有效，借款人应当依照合同约定履行义务。

（二）出借人事先知道借款人借款用于赌博的问题

裁判依据

《最高人民法院关于审理民间借贷案件适用法律若干问题的规定》

第十三条 具有下列情形之一的，人民法院应当认定民间借贷合同无效：

（一）套取金融机构贷款转贷的；

（二）以向其他营利法人借贷、向本单位职工集资，或者以向公众非法吸收存款等方式取得的资金转贷的；

（三）未依法取得放贷资格的出借人，以营利为目的向社会不特定对象提供借款的；

（四）出借人事先知道或者应当知道借款人借款用于违法犯罪活动仍然提供借款的；

（五）违反法律、行政法规强制性规定的；

（六）违背公序良俗的。

裁判理由

本案借款人提供的证人证言、短信记录等证据可以证明出借人在借款时知道借款人是为从事赌博活动准备资金，故双方之间的民间借贷合同应属无效。

五、民间借贷合同的履行问题

（一）借款人主张利息预先在本金中扣除的问题

裁判依据

《中华人民共和国民法典》

第六百七十条 借款的利息不得预先在本金中扣除。利息预先在本金中扣除的，应当按照实际借款数额返还借款并计算利息。

裁判理由

本案双方当事人约定借款期限，但借款人在收到出借人所借款项当日即向出借人转款，且该转款数额与双方当事人约定的月利息相当，故应认定为出借人在所借款项中预扣了利息，借款本金应以扣除该部分利息后的实际借款数额为准。

（二）出借人主张的利息的问题

裁判依据

《最高人民法院关于审理民间借贷案件适用法律若干问题的规定》

第二十五条 出借人请求借款人按照合同约定利率支付利息的，人民法院应予支持，但是双方约定的利率超过合同成立时一年期贷款市场报价利率四倍的除外。

前款所称"一年期贷款市场报价利率"，是指中国人民银行授权全国银行间同业拆借中心自2019年8月20日起每月发布的一年期贷款市场报价利率。

第三十一条 本规定施行后，人民法院新受理的一审民间借贷纠纷案件，适用本规定。

2020年8月20日之后新受理的一审民间借贷案件，借贷合同成立于2020年8月20日之前，当事人请求适用当时的司法解释计算自合同成立到2020年8月19日的利息部分的，人民法院应予支持；对于自2020年8月20日到借款返还之日的利息部分，适用起诉时本规定的利率保护标准计算。

本规定施行后，最高人民法院以前作出的相关司法解释与本规定不一致的，以本规定为准。

裁判理由

情形一：涉案借贷行为发生在 2020 年 8 月 20 日之后的，双方当事人约定的利率未超过合同成立时一年期贷款市场报价利率四倍，借贷行为发生在 2020 年 8 月 20 日之前的，双方当事人约定的利率未超过当时的司法解释保护标准的，该约定合法有效。出借人请求借款人按照合同约定利率支付利息的主张成立。

情形二：涉案借贷行为发生在 2020 年 8 月 20 日之后，双方当事人约定的利率超过一年期贷款市场报价利率四倍，对于借款人所还利息超过一年期贷款市场报价利率四倍的部分应当先抵扣本金，对于借款人尚未支付的利息，应当按照一年期贷款市场报价利率四倍计付。

（三）出借人主张的逾期利率、违约金及其他费用总计超过合同成立时一年期贷款市场报价利率四倍的问题

裁判依据

《最高人民法院关于审理民间借贷案件适用法律若干问题的规定》

第二十九条　出借人与借款人既约定了逾期利率，又约定了违约金或者其他费用，出借人可以选择主张逾期利息、违约金或者其他费用，也可以一并主张，但是总计超过合同成立时一年期贷款市场报价利率四倍的部分，人民法院不予支持。

裁判理由

双方当事人约定的逾期利率、违约金及其他费用超过合同成立时一年期贷款市场报价利率四倍，超出部分不符合法律规定，借款人应按合同成立时一年期贷款市场报价利率四倍的标准向出借人支付逾期利息、违约金及其他费用。

（四）自然人之间民间借贷利息约定不明确的问题

裁判依据

《最高人民法院关于审理民间借贷案件适用法律若干问题的规定》

第二十四条　借贷双方没有约定利息，出借人主张支付利息的，人民法院不予支持。

自然人之间借贷对利息约定不明，出借人主张支付利息的，人民法院不予支持。除自然人之间借贷的外，借贷双方对借贷利息约定不明，出借人主张利息的，人民法院应当结合民间借贷合同的内容，并根据当地或者当事人的交易方式、交易习惯、市场报价利率等因素确定利息。

第二十八条　借贷双方对逾期利率有约定的，从其约定，但是以不超过合同成立时一年期贷款市场报价利率四倍为限。

未约定逾期利率或者约定不明的，人民法院可以区分不同情况处理：

（一）既未约定借期内利率，也未约定逾期利率，出借人主张借款人自逾期还款之日起参照当时一年期贷款市场报价利率标准计算的利息承担逾期还款违约责任的，人民法院应予支持；

（二）约定了借期内利率但是未约定逾期利率，出借人主张借款人自逾期还款之日起按照借期内利率支付资金占用期间利息的，人民法院应予支持。

裁判理由

涉案借贷双方未对借款利息进行约定，出借人诉请借款人支付利息，缺乏事实和法律依据，不予支持。关于逾期利息，鉴于双方亦未约定逾期利息，出借人关于借款人自逾期还款之日起参照当时一年期贷款市场报价利率标准计算的利息承担逾期还款责任的主张，予以支持。出借人诉讼请求的逾期利息超出部分，不予支持。

六、民间借贷合同的担保问题

（一）保证人承担的保证责任的认定问题

裁判依据

《中华人民共和国民法典》

第六百八十六条 保证的方式包括一般保证和连带责任保证。

当事人在保证合同中对保证方式没有约定或者约定不明确的，按照连一般保证承担保证责任。

裁判理由

本案被告在民间借贷合同中以担保人的名义签名捺印。由于双方未对保证方式进行约定，根据《中华人民共和国民法典》第六百八十六条第二款的规定，担保人应当按照一般保证承担保证责任。

（二）民间借贷合同对还款期限没有约定或者约定不明的保证期间起算问题

裁判依据

《中华人民共和国民法典》

第六百九十二条 保证期间是确定保证人承担保证责任的期间，不发生中止、中断和延长。

债权人与保证人可以约定保证期间，但是约定的保证期间早于主债务履行期限或者与主债务履行期限同时届满的，视为没有约定；没有约定或者约定不明确的，保证期间为主债务履行期限届满之日起六个月。

债权人与债务人对主债务履行期限没有约定或者约定不明确的，保证期间自债权人请求债务人履行债务的宽限期届满之日起计算。

裁判理由

涉案民间借贷合同对还款期限没有约定，根据《中华人民共和国民法典》第六百九十二条第三款的规定，保证期间自债权人要求债务人履行债务的宽限期届满之日起计算。在本案中保证人并未提交证据证明出借人对还款人履行还款义务给予了宽限期，故保证期间应从债权人起诉之日起计算。

七、夫妻一方以个人名义签订民间借贷合同是否按夫妻共同债务处理的认定问题

裁判依据

《中华人民共和国民法典》

第一千零六十四条 夫妻双方共同签名或者夫妻一方事后追认等共同意思表示所负的债务，以及夫妻一方在婚姻关系存续期间以个人名义为家庭日常生活需要所负的债务，属于夫妻共同债务。

夫妻一方在婚姻关系存续期间以个人名义超出家庭日常生活需要所负的债务，不属于夫妻共同债务；但是，债权人能够证明该债务用于夫妻共同生活、共同生产经营或者基于夫妻双方共同意思表示的除外。

裁判理由

情形一：所涉借款合同虽然仅有借款人个人签名，但该借款合同

签订时借款人与其配偶处于夫妻关系存续期间,且借款人配偶事后已作出追认,该追认行为系对所负债务共同承担的意思表示,故借款人配偶关于所涉债务应认定为借款人个人债务的主张,依据不足。

情形二:所涉借款合同虽然仅有借款人个人签名,但该借款合同签订时借款人与其配偶处于夫妻关系存续期间,且系为家庭日常生活需要,借款人请求由借款人及其配偶共同偿还,符合法律规定,应予支持。

情形三:所涉借款合同仅有借款人个人签名,涉案借款合同签订时借款人与其配偶虽处于夫妻关系存续期间,但涉案借款金额及用途明显超出家庭日常生活需要,且出借人并未提交充分有效的证据证明借款人将该借款用于夫妻共同生活、共同生产经营,出借人主张涉案借款系借款人及其配偶的共同债务,依据不足。

第四节 庭审(调查)提问提纲

要素一:借贷主体及法律关系
双方是否签订借条/欠条/收据/借款合同?
是否存在转账凭证?
要素二:借贷形式及主要条款
借款合同是否为书面形式(口头达成借款合意是否有证据证明)?
借条/欠条/收据/借款合同中的当事人签名是否确认?
双方对借款合同中约定的借款种类、币种、用途、数额、利率、期限和还款方式等条款是否有异议?
要素三:合同的成立
出借人提供借款的方式:现金/转账/网上电子汇款/网络贷款平台/票据/其他?

续表

要素四：合同的效力
借款合同是否存在恶意串通、以合法形式掩盖非法目的等无效情形？
借款合同是否存在重大误解、显失公平、欺诈、胁迫、乘人之危导致的显失公平等可撤销情形？
借款合同是否存在《最高人民法院关于审理民间借贷案件适用法律若干问题的规定》第十三条规定的合同无效情形？
要素五：合同的履行
出借人实际提供的本金数额？
出借人实际出借时是否存在预先扣除利息的情形？
出借人与借款人的关系、款项交付情形、出借人经济能力、交易方式、交易地点、交易习惯、财产变动情况？
借款人是否按照借款合同每月支付利息，利息的利率是否超过合同成立时一年期贷款市场报价利率四倍？
要素六：借贷的担保
借款合同是否存在保证人？
保证人是否明确保证方式：连带责任保证／一般保证？
借款合同是否对保证范围、保证期间作出明确约定？
要素七：夫妻共同债务
借款是否发生在夫妻关系存续期间？
借款合同是否有借款人配偶签名或追认？
出借人是否有证据证明借款人所借款项用于家庭日常生活需要或者夫妻共同生活、共同生产经营？

第五节　裁判文书模板

××××人民法院
民事判决书

（××××）……民终……号

上诉人（原审诉讼地位）：×××，……。

法定代理人/指定代理人/法定代表人/主要负责人：×××，……。

委托诉讼代理人：×××，……。

被上诉人（原审诉讼地位）：×××，……。

法定代理人/指定代理人/法定代表人/主要负责人：×××，……。

委托诉讼代理人：×××，……。

原审原告/被告/第三人：×××，……。

法定代理人/指定代理人/法定代表人/主要负责人：×××，……。

委托诉讼代理人：×××，……。

（以上写明当事人和其他诉讼参加人的姓名或者名称等基本信息）。

上诉人×××因与被上诉人×××/上诉人×××及原审原告/被告/第三人×××民间借贷纠纷一案，不服××××人民法院（××××）……民初……号民事判决，向本院提起上诉。本院于

××××年××月××日立案受理，依法组成合议庭审理了本案。本案现已审理终结。

×××上诉请求：……（写明上诉请求）。事实和理由：……（概述上诉人主张的事实和理由）。

×××辩称，……（概述被上诉人答辩意见）。

×××述称，……（概述原审原告/被告/第三人陈述意见）。

×××向一审法院起诉请求：……（写明原告/反诉原告/有独立请求权的第三人的诉讼请求）。

一审法院认定事实：……（概述一审认定的事实）。一审法院认为，……（概述一审裁判理由）。判决：……（写明一审判决主文）。

（情形一：） 本院二审期间，各方当事人没有提交新证据。一审判决查明事实（详见一审判决书）清楚，本院予以确认。

（情形二：） 本院二审期间，当事人提交了以下证据，用以证明……。当事人质证认为：……。

本院二审查明：

（要素一：）双方是否签订借条？是否存在转账凭证？

（要素二：）双方对借款合同中约定的借款种类、币种、用途、数额、利率、期限和还款方式等条款是否有异议？

（要素三：）出借人提供借款的方式？

（要素四：）借款合同是否存在恶意串通等合同无效情形？

（要素五：）出借人实际提供的本金数额？

（要素六：）出借人与借款人的关系、款项交付情形、出借人经济能力、交易方式、交易地点、交易习惯、财产变动情况？

（要素七：）借款人是否按照借款合同每月支付利息，利息的利率是否超过合同成立时一年期贷款市场报价利率四倍？

（要素八：）是否存在保证人等担保情形？

（要素九：）是否存在夫妻共同债务情形？

本院认为，本案系民间借贷纠纷，各方当事人的二审争议焦点为：一、……；二、……；三、……。（根据二审认定的案件事实和相关法律规定，对当事人的上诉请求进行分析评判，说明理由。）

（情形一：）综上所述，上诉人的上诉请求不能成立，应予驳回。一审判决认定事实清楚，适用法律正确，应予维持。依照《中华人民共和国民事诉讼法》第一百七十七条第一款第一项之规定，判决如下：

驳回上诉，维持原判。

二审案件受理费……元，由上诉人×××负担。

本判决为终审判决。

（情形二：）综上所述，上诉人的上诉请求成立，予以支持。依照《中华人民共和国×××法》第×条、《中华人民共和国民事诉讼法》第一百七十七条第一款第×项规定，判决如下：

一、撤销××××人民法院（××××）……民初……号民事判决；

二、……（写明改判内容）。

二审案件受理费……元，由……负担（写明当事人姓名或者名称、负担金额）。

本判决为终审判决。

（情形三：）综上所述，上诉人的上诉请求部分成立。依照《中华人民共和国×××法》第×条、《中华人民共和国民事诉讼法》第一百七十七条第一款第×项规定，判决如下：

一、维持××××人民法院（××××）……民初……号民事判决第×项；

二、撤销××××人民法院（××××）……民初……号民事判决第×项；

三、变更××××人民法院（××××）……民初……号民事判决第×项为……；

四、……（写明新增判项）。

一审案件受理费……元，由……负担（写明当事人姓名或者名称、负担金额）。二审案件受理费……元，由……负担（写明当事人姓名或者名称、负担金额）。

本判决为终审判决。

审　判　长　×××
审　判　员　×××
审　判　员　×××

××××年××月××日
（院印）
书　记　员　×××

第四章
保证合同纠纷案件

第一节 常见请求权基础

一、保证合同的请求权

《中华人民共和国民法典》（2020年5月28日公布 2021年1月1日施行）

第六百八十六条第二款 当事人在保证合同中对保证方式没有约定或者约定不明确的，按照一般保证承担保证责任。

第六百八十七条 当事人在保证合同中约定，债务人不能履行债务时，由保证人承担保证责任的，为一般保证。

一般保证的保证人在主合同纠纷未经审判或者仲裁，并就债务人财产依法强制执行仍不能履行债务前，有权拒绝向债权人承担保证责任，但是有下列情形之一的除外：

（一）债务人下落不明，且无财产可供执行；

（二）人民法院已经受理债务人破产案件；

（三）债权人有证据证明债务人的财产不足以履行全部债务或者丧失履行债务能力；

（四）保证人书面表示放弃本款规定的权利。

第六百九十三条第一款 一般保证的债权人未在保证期间对债务人提起诉讼或者申请仲裁的，保证人不再承担保证责任。

第六百九十八条 一般保证的保证人在主债务履行期限届满后，向债权人提供债务人可供执行财产的真实情况，债权人放弃或者怠于行使权利致使该财产不能被执行的，保证人在其提供可供执行财产的价值范围内不再承担保证责任。

《最高人民法院关于适用〈中华人民共和国民法典〉有关担保制度的解释》（法释〔2020〕28号 2020年12月31日公布 2021年1月1日施行）

第二十五条第一款 当事人在保证合同中约定了保证人在债务人不能履行债务或者无力偿还债务时才承担保证责任等类似内容，具有债务人应当先承担责任的意思表示的，人民法院应当将其认定为一般保证。

第二十六条 一般保证中，债权人以债务人为被告提起诉讼的，人民法院应予受理。债权人未就主合同纠纷提起诉讼或者申请仲裁，仅起诉一般保证人的，人民法院应当驳回起诉。

一般保证中，债权人一并起诉债务人和保证人的，人民法院可以受理，但是在作出判决时，除有民法典第六百八十七条第二款但书规定的情形外，应当在判决书主文中明确，保证人仅对债务人财产依法强制执行后仍不能履行的部分承担保证责任。

债权人未对债务人的财产申请保全，或者保全的债务人的财产足以清偿债务，债权人申请对一般保证人的财产进行保全的，人民法院不予准许。

第二十七条 一般保证的债权人取得对债务人赋予强制执行效力

的公证债权文书后，在保证期间内向人民法院申请强制执行，保证人以债权人未在保证期间内对债务人提起诉讼或者申请仲裁为由主张不承担保证责任的，人民法院不予支持。

第三十一条第一款 一般保证的债权人在保证期间内对债务人提起诉讼或者申请仲裁后，又撤回起诉或者仲裁申请，债权人在保证期间届满前未再行提起诉讼或者申请仲裁，保证人主张不再承担保证责任的，人民法院应予支持。

二、连带责任保证的请求权

《中华人民共和国民法典》

第六百八十八条 当事人在保证合同中约定保证人和债务人对债务承担连带责任的，为连带责任保证。

连带责任保证的债务人不履行到期债务或者发生当事人约定的情形时，债权人可以请求债务人履行债务，也可以请求保证人在其保证范围内承担保证责任。

第六百九十三条第二款 连带责任保证的债权人未在保证期间请求保证人承担保证责任的，保证人不再承担保证责任。

《最高人民法院关于适用〈中华人民共和国民法典〉有关担保制度的解释》

第二十五条第二款 当事人在保证合同中约定了保证人在债务人不履行债务或者未偿还债务时即承担保证责任、无条件承担保证责任等类似内容，不具有债务人应当先承担责任的意思表示的，人民法院应当将其认定为连带责任保证。

第三十一条第二款 连带责任保证的债权人在保证期间内对保证

人提起诉讼或者申请仲裁后，又撤回起诉或者仲裁申请，起诉状副本或者仲裁申请书副本已经送达保证人的，人民法院应当认定债权人已经在保证期间内向保证人行使了权利。

第二节　基本要素事实

一、管辖

关联规范

《最高人民法院关于适用〈中华人民共和国民法典〉有关担保制度的解释》

第二十一条　主合同或者担保合同约定了仲裁条款的，人民法院对约定仲裁条款的合同当事人之间的纠纷无管辖权。

债权人一并起诉债务人和担保人的，应当根据主合同确定管辖法院。

债权人依法可以单独起诉担保人且仅起诉担保人的，应当根据担保合同确定管辖法院。

二、保证合同当事人

关联规范

《中华人民共和国民法典》

第十九条　八周岁以上的未成年人为限制民事行为能力人，实施民事法律行为由其法定代理人代理或者经其法定代理人同意、追认；

但是，可以独立实施纯获利益的民事法律行为或者与其年龄、智力相适应的民事法律行为。

第二十二条 不能完全辨认自己行为的成年人为限制民事行为能力人，实施民事法律行为由其法定代理人代理或者经其法定代理人同意、追认；但是，可以独立实施纯获利益的民事法律行为或者与其智力、精神健康状况相适应的民事法律行为。

第八十七条 为公益目的或者其他非营利目的成立，不向出资人、设立人或者会员分配所取得利润的法人，为非营利法人。

非营利法人包括事业单位、社会团体、基金会、社会服务机构等。

第一百零二条 非法人组织是不具有法人资格，但是能够依法以自己的名义从事民事活动的组织。

非法人组织包括个人独资企业、合伙企业、不具有法人资格的专业服务机构等。

第六百八十三条 机关法人不得为保证人，但是经国务院批准为使用外国政府或者国际经济组织贷款进行转贷的除外。

以公益为目的的非营利法人、非法人组织不得为保证人。

《最高人民法院关于适用〈中华人民共和国民法典〉有关担保制度的解释》

第五条 机关法人提供担保的，人民法院应当认定担保合同无效，但是经国务院批准为使用外国政府或者国际经济组织贷款进行转贷的除外。

居民委员会、村民委员会提供担保的，人民法院应当认定担保合同无效，但是依法代行村集体经济组织职能的村民委员会，依照村民委员会组织法规定的讨论决定程序对外提供担保的除外。

第六条　以公益为目的的非营利性学校、幼儿园、医疗机构、养老机构等提供担保的，人民法院应当认定担保合同无效，但是有下列情形之一的除外：

（一）在购入或者以融资租赁方式承租教育设施、医疗卫生设施、养老服务设施和其他公益设施时，出卖人、出租人为担保价款或者租金实现而在该公益设施上保留所有权；

（二）以教育设施、医疗卫生设施、养老服务设施和其他公益设施以外的不动产、动产或者财产权利设立担保物权。

登记为营利法人的学校、幼儿园、医疗机构、养老机构等提供担保，当事人以其不具有担保资格为由主张担保合同无效的，人民法院不予支持。

三、保证合同的效力

关联规范

《中华人民共和国民法典》

第一百四十八条　一方以欺诈手段，使对方在违背真实意思的情况下实施的民事法律行为，受欺诈方有权请求人民法院或者仲裁机构予以撤销。

第一百五十条　一方或者第三人以胁迫手段，使对方在违背真实意思的情况下实施的民事法律行为，受胁迫方有权请求人民法院或者仲裁机构予以撤销。

第一百五十四条　行为人与相对人恶意串通，损害他人合法权益的民事法律行为无效。

第六百八十二条　保证合同是主债权债务合同的从合同。主债权债务合同无效的，保证合同无效，但是法律另有规定的除外。

保证合同被确认无效后，债务人、保证人、债权人有过错的，应当根据其过错各自承担相应的民事责任。

第六百八十三条 机关法人不得为保证人，但是经国务院批准为使用外国政府或者国际经济组织贷款进行转贷的除外。

以公益为目的的非营利法人、非法人组织不得为保证人。

第六百九十五条 债权人和债务人未经保证人书面同意，协商变更主债权债务合同内容，减轻债务的，保证人仍对变更后的债务承担保证责任；加重债务的，保证人对加重的部分不承担保证责任。

债权人和债务人变更主债权债务合同的履行期限，未经保证人书面同意的，保证期间不受影响。

第六百九十六条 债权人转让全部或者部分债权，未通知保证人的，该转让对保证人不发生效力。

保证人与债权人约定禁止债权转让，债权人未经保证人书面同意转让债权的，保证人对受让人不再承担保证责任。

第六百九十七条 债权人未经保证人书面同意，允许债务人转移全部或者部分债务，保证人对未经其同意转移的债务不再承担保证责任，但是债权人和保证人另有约定的除外。

第三人加入债务的，保证人的保证责任不受影响。

《最高人民法院关于适用〈中华人民共和国民法典〉有关担保制度的解释》

第二条 当事人在担保合同中约定担保合同的效力独立于主合同，或者约定担保人对主合同无效的法律后果承担担保责任，该有关担保独立性的约定无效。主合同有效的，有关担保独立性的约定无效不影响担保合同的效力；主合同无效的，人民法院应当认定担保合同无效，但是法律另有规定的除外。

因金融机构开立的独立保函发生的纠纷，适用《最高人民法院关于审理独立保函纠纷案件若干问题的规定》。

第三条 当事人对担保责任的承担约定专门的违约责任，或者约定的担保责任范围超出债务人应当承担的责任范围，担保人主张仅在债务人应当承担的责任范围内承担责任的，人民法院应予支持。

担保人承担的责任超出债务人应当承担的责任范围，担保人向债务人追偿，债务人主张仅在其应当承担的责任范围内承担责任的，人民法院应予支持；担保人请求债权人返还超出部分的，人民法院依法予以支持。

第五条 机关法人提供担保的，人民法院应当认定担保合同无效，但是经国务院批准为使用外国政府或者国际经济组织贷款进行转贷的除外。

居民委员会、村民委员会提供担保的，人民法院应当认定担保合同无效，但是依法代行村集体经济组织职能的村民委员会，依照村民委员会组织法规定的讨论决定程序对外提供担保的除外。

第六条 以公益为目的的非营利性学校、幼儿园、医疗机构、养老机构等提供担保的，人民法院应当认定担保合同无效，但是有下列情形之一的除外：

（一）在购入或者以融资租赁方式承租教育设施、医疗卫生设施、养老服务设施和其他公益设施时，出卖人、出租人为担保价款或者租金实现而在该公益设施上保留所有权；

（二）以教育设施、医疗卫生设施、养老服务设施和其他公益设施以外的不动产、动产或者财产权利设立担保物权。

登记为营利法人的学校、幼儿园、医疗机构、养老机构等提供担保，当事人以其不具有担保资格为由主张担保合同无效的，人民法院不予支持。

第七条 公司的法定代表人违反公司法关于公司对外担保决议程序的规定，超越权限代表公司与相对人订立担保合同，人民法院应当依照民法典第六十一条和第五百零四条等规定处理：

（一）相对人善意的，担保合同对公司发生效力；相对人请求公司承担担保责任的，人民法院应予支持。

（二）相对人非善意的，担保合同对公司不发生效力；相对人请求公司承担赔偿责任的，参照适用本解释第十七条的有关规定。

法定代表人超越权限提供担保造成公司损失，公司请求法定代表人承担赔偿责任的，人民法院应予支持。

第一款所称善意，是指相对人在订立担保合同时不知道且不应当知道法定代表人超越权限。相对人有证据证明已对公司决议进行了合理审查，人民法院应当认定其构成善意，但是公司有证据证明相对人知道或者应当知道决议系伪造、变造的除外。

第八条 有下列情形之一，公司以其未依照公司法关于公司对外担保的规定作出决议为由主张不承担担保责任的，人民法院不予支持：

（一）金融机构开立保函或者担保公司提供担保；

（二）公司为其全资子公司开展经营活动提供担保；

（三）担保合同系由单独或者共同持有公司三分之二以上对担保事项有表决权的股东签字同意。

上市公司对外提供担保，不适用前款第二项、第三项的规定。

第九条 相对人根据上市公司公开披露的关于担保事项已经董事会或者股东大会决议通过的信息，与上市公司订立担保合同，相对人主张担保合同对上市公司发生效力,并由上市公司承担担保责任的,人民法院应予支持。

相对人未根据上市公司公开披露的关于担保事项已经董事会或者股东大会决议通过的信息,与上市公司订立担保合同,上市公司主张担保合同对其不发生效力,且不承担担保责任或者赔偿责任的,人民法院应予支持。

相对人与上市公司已公开披露的控股子公司订立的担保合同,或者相对人与股票在国务院批准的其他全国性证券交易场所交易的公司订立的担保合同,适用前两款规定。

第十条 一人有限责任公司为其股东提供担保,公司以违反公司法关于公司对外担保决议程序的规定为由主张不承担担保责任的,人民法院不予支持。公司因承担担保责任导致无法清偿其他债务,提供担保时的股东不能证明公司财产独立于自己的财产,其他债权人请求该股东承担连带责任的,人民法院应予支持。

第十一条 公司的分支机构未经公司股东(大)会或者董事会决议以自己的名义对外提供担保,相对人请求公司或者其分支机构承担担保责任的,人民法院不予支持,但是相对人不知道且不应当知道分支机构对外提供担保未经公司决议程序的除外。

金融机构的分支机构在其营业执照记载的经营范围内开立保函,或者经有权从事担保业务的上级机构授权开立保函,金融机构或者其分支机构以违反公司法关于公司对外担保决议程序的规定为由主张不承担担保责任的,人民法院不予支持。金融机构的分支机构未经金融机构授权提供保函之外的担保,金融机构或者其分支机构主张不承担担保责任的,人民法院应予支持,但是相对人不知道且不应当知道分支机构对外提供担保未经金融机构授权的除外。

第四章　保证合同纠纷案件

担保公司的分支机构未经担保公司授权对外提供担保，担保公司或者其分支机构主张不承担担保责任的，人民法院应予支持，但是相对人不知道且不应当知道分支机构对外提供担保未经担保公司授权的除外。

公司的分支机构对外提供担保，相对人非善意，请求公司承担赔偿责任的，参照本解释第十七条的有关规定处理。

第十七条　主合同有效而第三人提供的担保合同无效，人民法院应当区分不同情形确定担保人的赔偿责任：

（一）债权人与担保人均有过错的，担保人承担的赔偿责任不应超过债务人不能清偿部分的二分之一；

（二）担保人有过错而债权人无过错的，担保人对债务人不能清偿的部分承担赔偿责任；

（三）债权人有过错而担保人无过错的，担保人不承担赔偿责任。

主合同无效导致第三人提供的担保合同无效，担保人无过错的，不承担赔偿责任；担保人有过错的，其承担的赔偿责任不应超过债务人不能清偿部分的三分之一。

第十九条　担保合同无效，承担了赔偿责任的担保人按照反担保合同的约定，在其承担赔偿责任的范围内请求反担保人承担担保责任的，人民法院应予支持。

反担保合同无效的，依照本解释第十七条的有关规定处理。当事人仅以担保合同无效为由主张反担保合同无效的，人民法院不予支持。

第三十三条　保证合同无效，债权人未在约定或者法定的保证期间内依法行使权利，保证人主张不承担赔偿责任的，人民法院应予支持。

四、保证方式

> **关联规范**
>
> 📖 《中华人民共和国民法典》
>
> **第六百八十四条** 保证合同的内容一般包括被保证的主债权的种类、数额，债务人履行债务的期限，保证的方式、范围和期间等条款。
>
> **第六百八十五条** 保证合同可以是单独订立的书面合同，也可以是主债权债务合同中的保证条款。
>
> 第三人单方以书面形式向债权人作出保证，债权人接收且未提出异议的，保证合同成立。
>
> **第六百八十六条** 保证的方式包括一般保证和连带责任保证。
>
> 当事人在保证合同中对保证方式没有约定或者约定不明确的，按照一般保证承担保证责任。
>
> **第六百八十八条** 当事人在保证合同中约定保证人和债务人对债务承担连带责任的，为连带责任保证。
>
> 连带责任保证的债务人不履行到期债务或者发生当事人约定的情形时，债权人可以请求债务人履行债务，也可以请求保证人在其保证范围内承担保证责任。
>
> **第六百八十九条** 保证人可以要求债务人提供反担保。
>
> **第六百九十条** 保证人与债权人可以协商订立最高额保证的合同，约定在最高债权额限度内就一定期间连续发生的债权提供保证。
>
> 最高额保证除适用本章规定外，参照适用本法第二编最高额抵押权的有关规定。

第四章 保证合同纠纷案件

《最高人民法院关于适用〈中华人民共和国民法典〉有关担保制度的解释》

第十五条 最高额担保中的最高债权额，是指包括主债权及其利息、违约金、损害赔偿金、保管担保财产的费用、实现债权或者实现担保物权的费用等在内的全部债权，但是当事人另有约定的除外。

登记的最高债权额与当事人约定的最高债权额不一致的，人民法院应当依据登记的最高债权额确定债权人优先受偿的范围。

第二十五条 当事人在保证合同中约定了保证人在债务人不能履行债务或者无力偿还债务时才承担保证责任等类似内容，具有债务人应当先承担责任的意思表示的，人民法院应当将其认定为一般保证。

当事人在保证合同中约定了保证人在债务人不履行债务或者未偿还债务时即承担保证责任、无条件承担保证责任等类似内容，不具有债务人应当先承担责任的意思表示的，人民法院应当将其认定为连带责任保证。

第三十六条 第三人向债权人提供差额补足、流动性支持等类似承诺文件作为增信措施，具有提供担保的意思表示，债权人请求第三人承担保证责任的，人民法院应当依照保证的有关规定处理。

第三人向债权人提供的承诺文件，具有加入债务或者与债务人共同承担债务等意思表示的，人民法院应当认定为民法典第五百五十二条规定的债务加入。

前两款中第三人提供的承诺文件难以确定是保证还是债务加入的，人民法院应当将其认定为保证。

第三人向债权人提供的承诺文件不符合前三款规定的情形，债权人请求第三人承担保证责任或者连带责任的，人民法院不予支持，但是不影响其依据承诺文件请求第三人履行约定的义务或者承担相应的民事责任。

五、保证期间

关联规范

《中华人民共和国民法典》

第六百九十二条　保证期间是确定保证人承担保证责任的期间，不发生中止、中断和延长。

债权人与保证人可以约定保证期间，但是约定的保证期间早于主债务履行期限或者与主债务履行期限同时届满的，视为没有约定；没有约定或者约定不明确的，保证期间为主债务履行期限届满之日起六个月。

债权人与债务人对主债务履行期限没有约定或者约定不明确的，保证期间自债权人请求债务人履行债务的宽限期届满之日起计算。

第六百九十三条　一般保证的债权人未在保证期间对债务人提起诉讼或者申请仲裁的，保证人不再承担保证责任。

连带责任保证的债权人未在保证期间请求保证人承担保证责任的，保证人不再承担保证责任。

《最高人民法院关于适用〈中华人民共和国民法典〉有关担保制度的解释》

第二十七条　一般保证的债权人取得对债务人赋予强制执行效力的公证债权文书后，在保证期间内向人民法院申请强制执行，保证人以债权人未在保证期间内对债务人提起诉讼或者申请仲裁为由主张不承担保证责任的，人民法院不予支持。

第二十九条　同一债务有两个以上保证人，债权人以其已经在保证期间内依法向部分保证人行使权利为由，主张已经在保证期间内向其他保证人行使权利的，人民法院不予支持。

同一债务有两个以上保证人，保证人之间相互有追偿权，债权人未在保证期间内依法向部分保证人行使权利，导致其他保证人在承担保证责任后丧失追偿权，其他保证人主张在其不能追偿的范围内免除保证责任的，人民法院应予支持。

第三十条 最高额保证合同对保证期间的计算方式、起算时间等有约定的，按照其约定。

最高额保证合同对保证期间的计算方式、起算时间等没有约定或者约定不明，被担保债权的履行期限均已届满的，保证期间自债权确定之日起开始计算；被担保债权的履行期限尚未届满的，保证期间自最后到期债权的履行期限届满之日起开始计算。

前款所称债权确定之日，依照民法典第四百二十三条的规定认定。

第三十一条 一般保证的债权人在保证期间内对债务人提起诉讼或者申请仲裁后，又撤回起诉或者仲裁申请，债权人在保证期间届满前未再行提起诉讼或者申请仲裁，保证人主张不再承担保证责任的，人民法院应予支持。

连带责任保证的债权人在保证期间内对保证人提起诉讼或者申请仲裁后，又撤回起诉或者仲裁申请，起诉状副本或者仲裁申请书副本已经送达保证人的，人民法院应当认定债权人已经在保证期间内向保证人行使了权利。

第三十二条 保证合同约定保证人承担保证责任直至主债务本息还清时为止等类似内容的，视为约定不明，保证期间为主债务履行期限届满之日起六个月。

第三十三条 保证合同无效，债权人未在约定或者法定的保证期间内依法行使权利，保证人主张不承担赔偿责任的，人民法院应予支持。

第三十四条 人民法院在审理保证合同纠纷案件时，应当将保证期间是否届满、债权人是否在保证期间内依法行使权利等事实作为案件基本事实予以查明。

债权人在保证期间内未依法行使权利的，保证责任消灭。保证责任消灭后，债权人书面通知保证人要求承担保证责任，保证人在通知书上签字、盖章或者按指印，债权人请求保证人继续承担保证责任的，人民法院不予支持，但是债权人有证据证明成立了新的保证合同的除外。

六、保证合同诉讼时效

关联规范

📄 《中华人民共和国民法典》

第六百九十四条 一般保证的债权人在保证期间届满前对债务人提起诉讼或者申请仲裁的，从保证人拒绝承担保证责任的权利消灭之日起，开始计算保证债务的诉讼时效。

连带责任保证的债权人在保证期间届满前请求保证人承担保证责任的，从债权人请求保证人承担保证责任之日起，开始计算保证债务的诉讼时效。

📄 《最高人民法院关于适用〈中华人民共和国民法典〉有关担保制度的解释》

第二十八条 一般保证中，债权人依据生效法律文书对债务人的

财产依法申请强制执行,保证债务诉讼时效的起算时间按照下列规则确定:

(一)人民法院作出终结本次执行程序裁定,或者依照民事诉讼法第二百五十七条第三项、第五项的规定作出终结执行裁定的,自裁定送达债权人之日起开始计算;

(二)人民法院自收到申请执行书之日起一年内未作出前项裁定的,自人民法院收到申请执行书满一年之日起开始计算,但是保证人有证据证明债务人仍有财产可供执行的除外。

一般保证的债权人在保证期间届满前对债务人提起诉讼或者申请仲裁,债权人举证证明存在民法典第六百八十七条第二款但书规定情形的,保证债务的诉讼时效自债权人知道或者应当知道该情形之日起开始计算。

七、保证责任

关联规范

《中华人民共和国民法典》

第三百九十二条 被担保的债权既有物的担保又有人的担保的,债务人不履行到期债务或者发生当事人约定的实现担保物权的情形,债权人应当按照约定实现债权;没有约定或者约定不明确,债务人自己提供物的担保的,债权人应当先就该物的担保实现债权;第三人提供物的担保的,债权人可以就物的担保实现债权,也可以请求保证人承担保证责任。提供担保的第三人承担担保责任后,有权向债务人追偿。

第六百八十七条 当事人在保证合同中约定,债务人不能履行债务时，由保证人承担保证责任的，为一般保证。

一般保证的保证人在主合同纠纷未经审判或者仲裁，并就债务人财产依法强制执行仍不能履行债务前，有权拒绝向债权人承担保证责任，但是有下列情形之一的除外：

（一）债务人下落不明，且无财产可供执行；

（二）人民法院已经受理债务人破产案件；

（三）债权人有证据证明债务人的财产不足以履行全部债务或者丧失履行债务能力；

（四）保证人书面表示放弃本款规定的权利。

第六百九十三条 一般保证的债权人未在保证期间对债务人提起诉讼或者申请仲裁的，保证人不再承担保证责任。

连带责任保证的债权人未在保证期间请求保证人承担保证责任的，保证人不再承担保证责任。

第六百九十五条 债权人和债务人未经保证人书面同意，协商变更主债权债务合同内容，减轻债务的，保证人仍对变更后的债务承担保证责任；加重债务的，保证人对加重的部分不承担保证责任。

债权人和债务人变更主债权债务合同的履行期限，未经保证人书面同意的，保证期间不受影响。

第六百九十六条 债权人转让全部或者部分债权，未通知保证人的，该转让对保证人不发生效力。

保证人与债权人约定禁止债权转让，债权人未经保证人书面同意转让债权的，保证人对受让人不再承担保证责任。

第六百九十七条 债权人未经保证人书面同意，允许债务人转移全部或者部分债务，保证人对未经其同意转移的债务不再承担保证责任，但是债权人和保证人另有约定的除外。

第三人加入债务的，保证人的保证责任不受影响。

第六百九十八条 一般保证的保证人在主债务履行期限届满后，向债权人提供债务人可供执行财产的真实情况，债权人放弃或者怠于行使权利致使该财产不能被执行的，保证人在其提供可供执行财产的价值范围内不再承担保证责任。

第六百九十九条 同一债务有两个以上保证人的，保证人应当按照保证合同约定的保证份额，承担保证责任；没有约定保证份额的，债权人可以请求任何一个保证人在其保证范围内承担保证责任。

第七百条 保证人承担保证责任后，除当事人另有约定外，有权在其承担保证责任的范围内向债务人追偿，享有债权人对债务人的权利，但是不得损害债权人的利益。

《最高人民法院关于适用〈中华人民共和国民法典〉有关担保制度的解释》

第十三条 同一债务有两个以上第三人提供担保，担保人之间约定相互追偿及分担份额，承担了担保责任的担保人请求其他担保人按照约定分担份额的，人民法院应予支持；担保人之间约定承担连带共同担保，或者约定相互追偿但是未约定分担份额的，各担保人按照比例分担向债务人不能追偿的部分。

同一债务有两个以上第三人提供担保，担保人之间未对相互追偿作出约定且未约定承担连带共同担保，但是各担保人在同一份合同书上签字、盖章或者按指印，承担了担保责任的担保人请求其他担保人按照比例分担向债务人不能追偿部分的，人民法院应予支持。

除前两款规定的情形外，承担了担保责任的担保人请求其他担保人分担向债务人不能追偿部分的，人民法院不予支持。

第十四条 同一债务有两个以上第三人提供担保，担保人受让债权的，人民法院应当认定该行为系承担担保责任。受让债权的担保人作为债权人请求其他担保人承担担保责任的，人民法院不予支持；该担保人请求其他担保人分担相应份额的，依照本解释第十三条的规定处理。

第十七条 主合同有效而第三人提供的担保合同无效，人民法院应当区分不同情形确定担保人的赔偿责任：

（一）债权人与担保人均有过错的，担保人承担的赔偿责任不应超过债务人不能清偿部分的二分之一；

（二）担保人有过错而债权人无过错的，担保人对债务人不能清偿的部分承担赔偿责任；

（三）债权人有过错而担保人无过错的，担保人不承担赔偿责任。

主合同无效导致第三人提供的担保合同无效，担保人无过错的，不承担赔偿责任；担保人有过错的，其承担的赔偿责任不应超过债务人不能清偿部分的三分之一。

第十八条 承担了担保责任或者赔偿责任的担保人，在其承担责任的范围内向债务人追偿的，人民法院应予支持。

同一债权既有债务人自己提供的物的担保，又有第三人提供的担保，承担了担保责任或者赔偿责任的第三人，主张行使债权人对债务人享有的担保物权的，人民法院应予支持。

第十九条 担保合同无效，承担了赔偿责任的担保人按照反担保合同的约定，在其承担赔偿责任的范围内请求反担保人承担担保责任的，人民法院应予支持。

反担保合同无效的，依照本解释第十七条的有关规定处理。当事人仅以担保合同无效为由主张反担保合同无效的，人民法院不予支持。

第四章　保证合同纠纷案件

第二十二条　人民法院受理债务人破产案件后，债权人请求担保人承担担保责任，担保人主张担保债务自人民法院受理破产申请之日起停止计息的，人民法院对担保人的主张应予支持。

第二十三条　人民法院受理债务人破产案件，债权人在破产程序中申报债权后又向人民法院提起诉讼，请求担保人承担担保责任的，人民法院依法予以支持。

担保人清偿债权人的全部债权后，可以代替债权人在破产程序中受偿；在债权人的债权未获全部清偿前，担保人不得代替债权人在破产程序中受偿，但是有权就债权人通过破产分配和实现担保债权等方式获得清偿总额中超出债权的部分，在其承担担保责任的范围内请求债权人返还。

债权人在债务人破产程序中未获全部清偿，请求担保人继续承担担保责任的，人民法院应予支持；担保人承担担保责任后，向和解协议或者重整计划执行完毕后的债务人追偿的，人民法院不予支持。

第二十四条　债权人知道或者应当知道债务人破产，既未申报债权也未通知担保人，致使担保人不能预先行使追偿权的，担保人就该债权在破产程序中可能受偿的范围内免除担保责任，但是担保人因自身过错未行使追偿权的除外。

第二十六条　一般保证中，债权人以债务人为被告提起诉讼的，人民法院应予受理。债权人未就主合同纠纷提起诉讼或者申请仲裁，仅起诉一般保证人的，人民法院应当驳回起诉。

一般保证中，债权人一并起诉债务人和保证人的，人民法院可以受理，但是在作出判决时，除有民法典第六百八十七条第二款但书规定的情形外，应当在判决书主文中明确，保证人仅对债务人财产依法强制执行后仍不能履行的部分承担保证责任。

债权人未对债务人的财产申请保全，或者保全的债务人的财产足以清偿债务，债权人申请对一般保证人的财产进行保全的，人民法院不予准许。

第二十七条 一般保证的债权人取得对债务人赋予强制执行效力的公证债权文书后，在保证期间内向人民法院申请强制执行，保证人以债权人未在保证期间内对债务人提起诉讼或者申请仲裁为由主张不承担保证责任的，人民法院不予支持。

第二十九条 同一债务有两个以上保证人，债权人以其已经在保证期间内依法向部分保证人行使权利为由，主张已经在保证期间内向其他保证人行使权利的，人民法院不予支持。

同一债务有两个以上保证人，保证人之间相互有追偿权，债权人未在保证期间内依法向部分保证人行使权利，导致其他保证人在承担保证责任后丧失追偿权，其他保证人主张在其不能追偿的范围内免除保证责任的，人民法院应予支持。

第三十三条 保证合同无效，债权人未在约定或者法定的保证期间内依法行使权利，保证人主张不承担赔偿责任的，人民法院应予支持。

第三十五条 保证人知道或者应当知道主债权诉讼时效期间届满仍然提供保证或者承担保证责任，又以诉讼时效期间届满为由拒绝承担保证责任或者请求返还财产的，人民法院不予支持；保证人承担保证责任后向债务人追偿的，人民法院不予支持，但是债务人放弃诉讼时效抗辩的除外。

第三节　主要争点问题说理

一、一般保证和连带责任保证的区分

裁判依据

《中华人民共和国民法典》

第六百八十六条　保证的方式包括一般保证和连带责任保证。

当事人在保证合同中对保证方式没有约定或者约定不明确的，按照一般保证承担保证责任。

《最高人民法院关于适用〈中华人民共和国民法典〉有关担保制度的解释》

第二十五条　当事人在保证合同中约定了保证人在债务人不能履行债务或者无力偿还债务时才承担保证责任等类似内容，具有债务人应当先承担责任的意思表示的，人民法院应当将其认定为一般保证。

当事人在保证合同中约定了保证人在债务人不履行债务或者未偿还债务时即承担保证责任、无条件承担保证责任等类似内容，不具有债务人应当先承担责任的意思表示的，人民法院应当将其认定为连带责任保证。

第二十六条　一般保证中，债权人以债务人为被告提起诉讼的，人民法院应予受理。债权人未就主合同纠纷提起诉讼或者申请仲裁，仅起诉一般保证人的，人民法院应当驳回起诉。

一般保证中，债权人一并起诉债务人和保证人的，人民法院可以受理，但是在作出判决时，除有民法典第六百八十七条第二款但书规

定的情形外，应当在判决书主文中明确，保证人仅对债务人财产依法强制执行后仍不能履行的部分承担保证责任。

债权人未对债务人的财产申请保全，或者保全的债务人的财产足以清偿债务，债权人申请对一般保证人的财产进行保全的，人民法院不予准许。

裁判理由

情形一：本案中，被告一（债务人）向原告（债权人）出具的《欠条》中载明：如果债务到期后，被告一无力支付原告货款，则原告可以要求被告二（保证人）承担责任。根据法律规定，被告二仅为一般保证人，原告主张被告二直接承担清偿责任，没有法律依据，本院不予支持。被告二仅对被告一财产依法强制执行后仍不能履行的部分承担清偿责任。

情形二：本案中，被告一（债务人）向原告（债权人）出具的《欠条》中，被告二仅在"保证人"后签名捺印。根据《中华人民共和国民法典》第六百八十六条第二款的规定，当事人在保证合同中对保证方式没有约定或者约定不明确的，按照一般保证承担保证责任。被告二应认定为一般保证人，仅对被告一财产依法强制执行后仍不能履行的部分承担清偿责任。

情形三：本案中，被告一（债务人）向原告（债权人）出具的《欠条》中，被告二明确表示在被告一不履行债务时无条件代其支付货款。根据法律规定，被告二为连带保证人，原告要求被告二对本案债务承担连带清偿责任，具有事实及法律依据，本院予以支持。

二、保证责任期间

裁判依据

《中华人民共和国民法典》

第六百九十二条 保证期间是确定保证人承担保证责任的期间，不发生中止、中断和延长。

债权人与保证人可以约定保证期间，但是约定的保证期间早于主债务履行期限或者与主债务履行期限同时届满的，视为没有约定；没有约定或者约定不明确的，保证期间为主债务履行期限届满之日起六个月。

债权人与债务人对主债务履行期限没有约定或者约定不明确的，保证期间自债权人请求债务人履行债务的宽限期届满之日起计算。

第六百九十三条 一般保证的债权人未在保证期间对债务人提起诉讼或者申请仲裁的，保证人不再承担保证责任。

连带责任保证的债权人未在保证期间请求保证人承担保证责任的，保证人不再承担保证责任。

裁判理由

情形一：本案为一般保证，原告（债权人）未在主债务履行期限届满之日起六个月对被告一（债务人）提起诉讼或者申请仲裁，而仅进行催讨，故被告二作为一般保证人不再承担保证责任。原告请求被告二承担保证责任的理由，缺乏法律依据，本院不予支持。

情形二：本案为连带保证，原告（债权人）未在主债务履行期限届满之日起六个月请求保证人承担保证责任，故原告主张被告二（保证人）承担保证责任，缺乏法律依据，本院不予支持。

三、保证人承担一般保证责任时虽享有先诉抗辩权，但在遇到法定情况使债权人向被保证人请求清偿债务发生困难时不得行使该抗辩权

裁判依据

《中华人民共和国民法典》

第六百八十七条　当事人在保证合同中约定，债务人不能履行债务时，由保证人承担保证责任的，为一般保证。

一般保证的保证人在主合同纠纷未经审判或者仲裁，并就债务人财产依法强制执行仍不能履行债务前，有权拒绝向债权人承担保证责任，但是有下列情形之一的除外：

（一）债务人下落不明，且无财产可供执行；

（二）人民法院已经受理债务人破产案件；

（三）债权人有证据证明债务人的财产不足以履行全部债务或者丧失履行债务能力；

（四）保证人书面表示放弃本款规定的权利。

裁判理由

本案为一般保证，被告二（保证人）提出其享有先诉抗辩权。但原告已经举证证明被告一（债务人）为失信被执行人，且无财产可供执行。故被告二在本案中不再享有上述抗辩权而对抗原告行使债权，原告主张其应承担本案责任，具有事实及法律依据，本院予以支持。

四、债权人和债务人协商增加债务，应当征得保证人书面同意，否则，保证人对加重的部分不承担保证责任

裁判依据

《中华人民共和国民法典》

第六百九十五条 债权人和债务人未经保证人书面同意，协商变更主债权债务合同内容，减轻债务的，保证人仍对变更后的债务承担保证责任；加重债务的，保证人对加重的部分不承担保证责任。

债权人和债务人变更主债权债务合同的履行期限，未经保证人书面同意的，保证期间不受影响。

裁判理由

本案中，原告（出借人）和被告一（借款人）重新达成的借款协议内容变更了此前的借条约定，且提高了逾期利息支付标准，明显增加了债务内容，且未经被告二（保证人）的书面同意，故被告二对加重部分的逾期利息不承担保证责任。

五、保证人行使追偿权

裁判依据

《最高人民法院关于适用〈中华人民共和国民法典〉有关担保制度的解释》

第十八条 承担了担保责任或者赔偿责任的担保人，在其承担责任的范围内向债务人追偿的，人民法院应予支持。

同一债权既有债务人自己提供的物的担保，又有第三人提供的担

保，承担了担保责任或者赔偿责任的第三人，主张行使债权人对债务人享有的担保物权的，人民法院应予支持。

裁判理由

情形一：本案中，原告作为保证人向债权人承担保证责任后，依法取得追偿权，可以就其已被执行的债权金额向被告（债务人）进行追偿。

情形二：本案中，因被告（债务人）也向债权人提供了车辆抵押担保，但债权人在另案中选择优先向本案原告（保证人）主张权利，并已申请强制执行完毕。故原告作为保证人向债权人承担保证责任后，依法取得追偿权，可以就其已被执行的债权金额向被告（债务人）进行追偿，并就抵押车辆行使优先受偿权。

第四节　庭审（调查）提问提纲

要素一：管辖
主合同、保证合同有无管辖协议约定？
要素二：保证合同效力
保证人是否具有不得担任保证人的情形？是否具备相应民事行为能力？
要素三：保证方式
保证方式有无明确约定？
保证人是如何表达承担保证责任的意思表示的？
要素四：保证期间
双方有无约定保证期间？如何约定？
要素五：保证责任
保证责任范围有无明确约定？如何约定？
债权人有无根据法律规定在保证期间向保证人主张权利？
保证人是否履行了保证责任？

第五节　裁判文书模板

××××人民法院
民事判决书

（××××）……民终……号

上诉人（原审诉讼地位）：×××，……。

法定代理人/指定代理人/法定代表人/主要负责人：×××，……。

委托诉讼代理人：×××，……。

被上诉人（原审诉讼地位）：×××，……。

法定代理人/指定代理人/法定代表人/主要负责人：×××，……。

委托诉讼代理人：×××，……。

原审原告/被告/第三人：×××，……。

法定代理人/指定代理人/法定代表人/主要负责人：×××，……。

委托诉讼代理人：×××，……。

（以上写明当事人和其他诉讼参加人的姓名或者名称等基本信息）。

上诉人×××因与被上诉人×××/上诉人×××及原审原告/被告/第三人×××保证合同纠纷一案，不服××××人民法院（××××）……民初……号民事判决，向本院提起上诉。本院于

××××年××月××日立案受理，依法组成合议庭审理了本案。本案现已审理终结。

×××上诉请求：……（写明上诉请求）。事实和理由：……（概述上诉人主张的事实和理由）。

×××辩称，……（概述被上诉人答辩意见）。

×××述称，……（概述原审原告/被告/第三人陈述意见）。

×××向一审法院起诉请求：……（写明原告/反诉原告/有独立请求权的第三人的诉讼请求）。

一审法院认定事实：……（概述一审认定的事实）。一审法院认为，……（概述一审裁判理由）。判决：……（写明一审判决主文）。

（情形一：）本院二审期间，各方当事人没有提交新证据。一审判决查明事实（详见一审判决书）清楚，本院予以确认。

（情形二：）本院二审期间，当事人提交了以下证据，用以证明……。当事人质证认为：……。

本院二审查明：

（要素一：）主合同、保证合同有无管辖约定？

（要素二：）保证人是否具有不得担任保证人的情形？是否具备相应民事行为能力？

（要素三：）保证方式有无明确约定？保证人是如何表达承担保证责任的意思表示的？

（要素四：）双方有无约定保证期间？如何约定？

（要素五：）保证责任范围有无明确约定？如何约定？

（要素六：）债权人有无根据法律规定在保证期间向保证人主张权利？

（要素七：）保证人是否履行了保证责任？

本院认为，本案系保证合同纠纷，各方当事人的二审争议焦点为：一、……；二、……；三、……。（根据二审认定的案件事实和相关法律规定，对当事人的上诉请求进行分析评判，说明理由。）

（情形一：）综上所述，上诉人的上诉请求不能成立，应予驳回。一审判决认定事实清楚，适用法律正确，应予维持。依照《中华人民共和国民事诉讼法》第一百七十七条第一款第一项之规定，判决如下：

驳回上诉，维持原判。

二审案件受理费……元，由上诉人×××负担。

本判决为终审判决。

（情形二：）综上所述，上诉人的上诉请求成立，予以支持。依照《中华人民共和国×××法》第×条、《中华人民共和国民事诉讼法》第一百七十七条第一款第×项规定，判决如下：

一、撤销××××人民法院（××××）……民初……号民事判决；

二、……（写明改判内容）。

二审案件受理费……元，由……负担（写明当事人姓名或者名称、负担金额）。

本判决为终审判决。

（情形三：）综上所述，上诉人的上诉请求部分成立。依照《中华人民共和国×××法》第×条、《中华人民共和国民事诉讼法》第一百七十七条第一款第×项规定，判决如下：

一、维持××××人民法院（××××）……民初……号民事判决第×项；

二、撤销××××人民法院（××××）……民初……号民事判决第×项；

三、变更××××人民法院（××××）……民初……号民事判决第×项为……；

四、……（写明新增判项）。

一审案件受理费……元，由……负担（写明当事人姓名或者名称、负担金额）。二审案件受理费……元，由……负担（写明当事人姓名或者名称、负担金额）。

本判决为终审判决。

审　判　长　×××
审　判　员　×××
审　判　员　×××

××××年××月××日
（院印）
书　记　员　×××

第五章
房屋租赁合同纠纷案件

第一节 常见请求权基础

一、租赁合同无效确认请求权

📄《中华人民共和国民法典》（2020年5月28日公布 2021年1月1日施行）

第一百四十六条 行为人与相对人以虚假的意思表示实施的民事法律行为无效。

以虚假的意思表示隐藏的民事法律行为的效力，依照有关法律规定处理。

第一百五十三条 违反法律、行政法规的强制性规定的民事法律行为无效。但是，该强制性规定不导致该民事法律行为无效的除外。

违背公序良俗的民事法律行为无效。

第一百五十四条 行为人与相对人恶意串通，损害他人合法权益的民事法律行为无效。

📄《最高人民法院关于审理城镇房屋租赁合同纠纷案件具体应用法律若干问题的解释》（2020年12月29日修正 2021年1月1日施行）

第二条 出租人就未取得建设工程规划许可证或者未按照建设工

程规划许可证的规定建设的房屋，与承租人订立的租赁合同无效。但在一审法庭辩论终结前取得建设工程规划许可证或者经主管部门批准建设的，人民法院应当认定有效。

第三条 出租人就未经批准或者未按照批准内容建设的临时建筑，与承租人订立的租赁合同无效。但在一审法庭辩论终结前经主管部门批准建设的，人民法院应当认定有效。

租赁期限超过临时建筑的使用期限，超过部分无效。但在一审法庭辩论终结前经主管部门批准延长使用期限的，人民法院应当认定延长使用期限内的租赁期间有效。

二、租赁合同解除请求权

《中华人民共和国民法典》

第五百六十二条 当事人协商一致，可以解除合同。

当事人可以约定一方解除合同的事由。解除合同的事由发生时，解除权人可以解除合同。

第五百六十三条 有下列情形之一的，当事人可以解除合同：

（一）因不可抗力致使不能实现合同目的；

（二）在履行期限届满前，当事人一方明确表示或者以自己的行为表明不履行主要债务；

（三）当事人一方迟延履行主要债务，经催告后在合理期限内仍未履行；

（四）当事人一方迟延履行债务或者有其他违约行为致使不能实现合同目的；

（五）法律规定的其他情形。

以持续履行的债务为内容的不定期合同，当事人可以随时解除合同，但是应当在合理期限之前通知对方。

第七百一十一条 承租人未按照约定的方法或者未根据租赁物的性质使用租赁物，致使租赁物受到损失的，出租人可以解除合同并请求赔偿损失。

第七百一十六条 承租人经出租人同意，可以将租赁物转租给第三人。承租人转租的，承租人与出租人之间的租赁合同继续有效；第三人造成租赁物损失的，承租人应当赔偿损失。

承租人未经出租人同意转租的，出租人可以解除合同。

第七百二十二条 承租人无正当理由未支付或者迟延支付租金的，出租人可以请求承租人在合理期限内支付；承租人逾期不支付的，出租人可以解除合同。

第七百二十四条 有下列情形之一，非因承租人原因致使租赁物无法使用的，承租人可以解除合同：

（一）租赁物被司法机关或者行政机关依法查封、扣押；

（二）租赁物权属有争议；

（三）租赁物具有违反法律、行政法规关于使用条件的强制性规定情形。

第七百二十九条 因不可归责于承租人的事由，致使租赁物部分或者全部毁损、灭失的，承租人可以请求减少租金或者不支付租金；因租赁物部分或者全部毁损、灭失，致使不能实现合同目的的，承租人可以解除合同。

第七百三十条 当事人对租赁期限没有约定或者约定不明确，依据本法第五百一十条的规定仍不能确定的，视为不定期租赁；当事人可以随时解除合同，但是应当在合理期限之前通知对方。

第七百三十一条　租赁物危及承租人的安全或者健康的，即使承租人订立合同时明知该租赁物质量不合格，承租人仍然可以随时解除合同。

三、租金支付请求权

《中华人民共和国民法典》

第七百二十一条　承租人应当按照约定的期限支付租金。对支付租金的期限没有约定或者约定不明确，依据本法第五百一十条的规定仍不能确定，租赁期限不满一年的，应当在租赁期限届满时支付；租赁期限一年以上的，应当在每届满一年时支付，剩余期限不满一年的，应当在租赁期限届满时支付。

第七百二十二条　承租人无正当理由未支付或者迟延支付租金的，出租人可以请求承租人在合理期限内支付；承租人逾期不支付的，出租人可以解除合同。

四、房屋交付请求权

《中华人民共和国民法典》

第七百零八条　出租人应当按照约定将租赁物交付承租人，并在租赁期限内保持租赁物符合约定的用途。

五、租赁物受损赔偿请求权

《中华人民共和国民法典》

第七百一十一条　承租人未按照约定的方法或者未根据租赁物的

性质使用租赁物，致使租赁物受到损失的，出租人可以解除合同并请求赔偿损失。

第七百一十四条 承租人应当妥善保管租赁物，因保管不善造成租赁物毁损、灭失的，应当承担赔偿责任。

六、租赁合同无效或解除后装修损失赔偿请求权

《中华人民共和国民法典》

第七百一十五条 承租人经出租人同意，可以对租赁物进行改善或者增设他物。

承租人未经出租人同意，对租赁物进行改善或者增设他物的，出租人可以请求承租人恢复原状或者赔偿损失。

《最高人民法院关于审理城镇房屋租赁合同纠纷案件具体应用法律若干问题的解释》

第七条 承租人经出租人同意装饰装修，租赁合同无效时，未形成附合的装饰装修物，出租人同意利用的，可折价归出租人所有；不同意利用的，可由承租人拆除。因拆除造成房屋毁损的，承租人应当恢复原状。

已形成附合的装饰装修物，出租人同意利用的，可折价归出租人所有；不同意利用的，由双方各自按照导致合同无效的过错分担现值损失。

第八条 承租人经出租人同意装饰装修，租赁期间届满或者合同解除时，除当事人另有约定外，未形成附合的装饰装修物，可由承租人拆除。因拆除造成房屋毁损的，承租人应当恢复原状。

第九条 承租人经出租人同意装饰装修，合同解除时，双方对已

形成附合的装饰装修物的处理没有约定的，人民法院按照下列情形分别处理：

（一）因出租人违约导致合同解除，承租人请求出租人赔偿剩余租赁期内装饰装修残值损失的，应予支持；

（二）因承租人违约导致合同解除，承租人请求出租人赔偿剩余租赁期内装饰装修残值损失的，不予支持。但出租人同意利用的，应在利用价值范围内予以适当补偿；

（三）因双方违约导致合同解除，剩余租赁期内的装饰装修残值损失，由双方根据各自的过错承担相应的责任；

（四）因不可归责于双方的事由导致合同解除的，剩余租赁期内的装饰装修残值损失，由双方按照公平原则分担。法律另有规定的，适用其规定。

第十条 承租人经出租人同意装饰装修，租赁期间届满时，承租人请求出租人补偿附合装饰装修费用的，不予支持。但当事人另有约定的除外。

第十一条 承租人未经出租人同意装饰装修或者扩建发生的费用，由承租人负担。出租人请求承租人恢复原状或者赔偿损失的，人民法院应予支持。

第十二条 承租人经出租人同意扩建，但双方对扩建费用的处理没有约定的，人民法院按照下列情形分别处理：

（一）办理合法建设手续的，扩建造价费用由出租人负担；

（二）未办理合法建设手续的，扩建造价费用由双方按照过错分担。

七、承租人优先购买权

📄 《中华人民共和国民法典》

第七百二十六条 出租人出卖租赁房屋的,应当在出卖之前的合理期限内通知承租人,承租人享有以同等条件优先购买的权利;但是,房屋按份共有人行使优先购买权或者出租人将房屋出卖给近亲属的除外。

出租人履行通知义务后,承租人在十五日内未明确表示购买的,视为承租人放弃优先购买权。

八、房屋返还请求权

📄 《中华人民共和国民法典》

第一百五十七条 民事法律行为无效、被撤销或者确定不发生效力后,行为人因该行为取得的财产,应当予以返还;不能返还或者没有必要返还的,应当折价补偿。有过错的一方应当赔偿对方由此所受到的损失;各方都有过错的,应当各自承担相应的责任。法律另有规定的,依照其规定。

第五百六十六条 合同解除后,尚未履行的,终止履行;已经履行的,根据履行情况和合同性质,当事人可以请求恢复原状或者采取其他补救措施,并有权请求赔偿损失。

合同因违约解除的,解除权人可以请求违约方承担违约责任,但是当事人另有约定的除外。

主合同解除后,担保人对债务人应当承担的民事责任仍应当承担担保责任，但是担保合同另有约定的除外。

第七百三十三条 租赁期限届满，承租人应当返还租赁物。返还的租赁物应当符合按照约定或者根据租赁物的性质使用后的状态。

九、违约责任请求权

《中华人民共和国民法典》

第五百七十七条 当事人一方不履行合同义务或者履行合同义务不符合约定的，应当承担继续履行、采取补救措施或者赔偿损失等违约责任。

第五百七十八条 当事人一方明确表示或者以自己的行为表明不履行合同义务的，对方可以在履行期限届满前请求其承担违约责任。

第五百七十九条 当事人一方未支付价款、报酬、租金、利息，或者不履行其他金钱债务的，对方可以请求其支付。

第五百八十条 当事人一方不履行非金钱债务或者履行非金钱债务不符合约定的，对方可以请求履行，但是有下列情形之一的除外：

（一）法律上或者事实上不能履行；

（二）债务的标的不适于强制履行或者履行费用过高；

（三）债权人在合理期限内未请求履行。

有前款规定的除外情形之一，致使不能实现合同目的的，人民法院或者仲裁机构可以根据当事人的请求终止合同权利义务关系，但是不影响违约责任的承担。

第五百八十三条 当事人一方不履行合同义务或者履行合同义务不符合约定的，在履行义务或者采取补救措施后，对方还有其他损失的，应当赔偿损失。

第五百八十四条 当事人一方不履行合同义务或者履行合同义务不符合约定，造成对方损失的，损失赔偿额应当相当于因违约所造成的损失，包括合同履行后可以获得的利益；但是，不得超过违约一方订立合同时预见到或者应当预见到的因违约可能造成的损失。

第五百八十五条 当事人可以约定一方违约时应当根据违约情况向对方支付一定数额的违约金，也可以约定因违约产生的损失赔偿额的计算方法。

约定的违约金低于造成的损失的，人民法院或者仲裁机构可以根据当事人的请求予以增加；约定的违约金过分高于造成的损失的，人民法院或者仲裁机构可以根据当事人的请求予以适当减少。

当事人就迟延履行约定违约金的，违约方支付违约金后，还应当履行债务。

第五百九十一条 当事人一方违约后，对方应当采取适当措施防止损失的扩大；没有采取适当措施致使损失扩大的，不得就扩大的损失请求赔偿。

当事人因防止损失扩大而支出的合理费用，由违约方负担。

第五百九十二条 当事人双方都违反合同的，应当各自承担相应的责任。

当事人一方违约造成对方损失，对方对损失的发生有过错的，可以减少相应的损失赔偿额。

第七百一十一条 承租人未按照约定的方法或者未根据租赁物的性质使用租赁物，致使租赁物受到损失的，出租人可以解除合同并请求赔偿损失。

第七百一十四条 承租人应当妥善保管租赁物，因保管不善造成租赁物毁损、灭失的，应当承担赔偿责任。

第七百一十五条第二款 承租人未经出租人同意，对租赁物进行改善或者增设他物的，出租人可以请求承租人恢复原状或者赔偿损失。

第二节　基本要素事实

一、租赁合同的主体

关联规范

📖《中华人民共和国城市房地产管理法》（2019年8月26日修正　2020年1月1日施行）

第五十三条 房屋租赁，是指房屋所有权人作为出租人将其房屋出租给承租人使用，由承租人向出租人支付租金的行为。

📖《中华人民共和国民法典》

第七十五条 设立人为设立法人从事的民事活动，其法律后果由法人承受；法人未成立的，其法律后果由设立人承受，设立人为二人以上的，享有连带债权，承担连带债务。

设立人为设立法人以自己的名义从事民事活动产生的民事责任，第三人有权选择请求法人或者设立人承担。

第七百零三条 租赁合同是出租人将租赁物交付承租人使用、收益，承租人支付租金的合同。

第七百一十六条 承租人经出租人同意，可以将租赁物转租给第三人。承租人转租的，承租人与出租人之间的租赁合同继续有效；第三人造成租赁物损失的，承租人应当赔偿损失。

承租人未经出租人同意转租的，出租人可以解除合同。

第七百二十五条 租赁物在承租人按照租赁合同占有期限内发生所有权变动的，不影响租赁合同的效力。

第七百三十二条 承租人在房屋租赁期限内死亡的，与其生前共同居住的人或者共同经营人可以按照原租赁合同租赁该房屋。

📖 **《最高人民法院关于审理城镇房屋租赁合同纠纷案件具体应用法律若干问题的解释》**

第十四条 租赁房屋在承租人按照租赁合同占有期限内发生所有权变动，承租人请求房屋受让人继续履行原租赁合同的，人民法院应予支持。但租赁房屋具有下列情形或者当事人另有约定的除外：

（一）房屋在出租前已设立抵押权，因抵押权人实现抵押权发生所有权变动的；

（二）房屋在出租前已被人民法院依法查封的。

📖 **《最高人民法院关于适用〈中华人民共和国公司法〉若干问题的规定（三）》**（2020年12月29日修正　2021年1月1日施行）

第二条 发起人为设立公司以自己名义对外签订合同，合同相对人请求该发起人承担合同责任的，人民法院应予支持；公司成立后合同相对人请求公司承担合同责任的，人民法院应予支持。

第三条 发起人以设立中公司名义对外签订合同，公司成立后合同相对人请求公司承担合同责任的，人民法院应予支持。

公司成立后有证据证明发起人利用设立中公司的名义为自己的利益与相对人签订合同，公司以此为由主张不承担合同责任的，人民法院应予支持，但相对人为善意的除外。

二、租赁合同的内容

关联规范

《中华人民共和国城市房地产管理法》

第五十五条 住宅用房的租赁,应当执行国家和房屋所在城市人民政府规定的租赁政策。租用房屋从事生产、经营活动的,由租赁双方协商议定租金和其他租赁条款。

《中华人民共和国民法典》

第七百零四条 租赁合同的内容一般包括租赁物的名称、数量、用途、租赁期限、租金及其支付期限和方式、租赁物维修等条款。

第七百零五条 租赁期限不得超过二十年。超过二十年的,超过部分无效。

租赁期限届满,当事人可以续订租赁合同;但是,约定的租赁期限自续订之日起不得超过二十年。

第七百一十六条 承租人经出租人同意,可以将租赁物转租给第三人。承租人转租的,承租人与出租人之间的租赁合同继续有效;第三人造成租赁物损失的,承租人应当赔偿损失。

承租人未经出租人同意转租的,出租人可以解除合同。

第七百二十一条 承租人应当按照约定的期限支付租金。对支付租金的期限没有约定或者约定不明确,依据本法第五百一十条的规定仍不能确定,租赁期限不满一年的,应当在租赁期限届满时支付;租赁期限一年以上的,应当在每届满一年时支付,剩余期限不满一年的,应当在租赁期限届满时支付。

第七百二十六条 出租人出卖租赁房屋的,应当在出卖之前的合理期限内通知承租人，承租人享有以同等条件优先购买的权利；但是，房屋按份共有人行使优先购买权或者出租人将房屋出卖给近亲属的除外。

出租人履行通知义务后，承租人在十五日内未明确表示购买的，视为承租人放弃优先购买权。

第七百三十条 当事人对租赁期限没有约定或者约定不明确，依据本法第五百一十条的规定仍不能确定的，视为不定期租赁；当事人可以随时解除合同，但是应当在合理期限之前通知对方。

第七百三十四条 租赁期限届满，承租人继续使用租赁物，出租人没有提出异议的，原租赁合同继续有效，但是租赁期限为不定期。

租赁期限届满，房屋承租人享有以同等条件优先承租的权利。

三、租赁合同的形式

关联规范

《中华人民共和国民法典》

第一百三十五条 民事法律行为可以采用书面形式、口头形式或者其他形式；法律、行政法规规定或者当事人约定采用特定形式的，应当采用特定形式。

第四百六十九条第二款 书面形式是合同书、信件、电报、电传、传真等可以有形地表现所载内容的形式。

第四百九十条第二款 法律、行政法规规定或者当事人约定合同应当采用书面形式订立，当事人未采用书面形式但是一方已经履行主要义务，对方接受的，该合同成立。

第七百零七条 租赁期限六个月以上的，应当采用书面形式。当事人未采用书面形式，无法确定租赁期限的，视为不定期租赁。

📖《中华人民共和国城市房地产管理法》

第五十四条 房屋租赁，出租人和承租人应当签订书面租赁合同，约定租赁期限、租赁用途、租赁价格、修缮责任等条款，以及双方的其他权利和义务，并向房产管理部门登记备案。

四、租赁合同的效力

关联规范

📖《中华人民共和国民法典》

第一百四十六条 行为人与相对人以虚假的意思表示实施的民事法律行为无效。

以虚假的意思表示隐藏的民事法律行为的效力，依照有关法律规定处理。

第一百五十三条 违反法律、行政法规的强制性规定的民事法律行为无效。但是，该强制性规定不导致该民事法律行为无效的除外。

违背公序良俗的民事法律行为无效。

第一百五十四条 行为人与相对人恶意串通，损害他人合法权益的民事法律行为无效。

📖《最高人民法院关于审理城镇房屋租赁合同纠纷案件具体应用法律若干问题的解释》

第二条 出租人就未取得建设工程规划许可证或者未按照建设工程规划许可证的规定建设的房屋，与承租人订立的租赁合同无效。但在一审法庭辩论终结前取得建设工程规划许可证或者经主管部门批准建设的，人民法院应当认定有效。

第三条 出租人就未经批准或者未按照批准内容建设的临时建筑，与承租人订立的租赁合同无效。但在一审法庭辩论终结前经主管部门批准建设的，人民法院应当认定有效。

租赁期限超过临时建筑的使用期限，超过部分无效。但在一审法庭辩论终结前经主管部门批准延长使用期限的，人民法院应当认定延长使用期限内的租赁期间有效。

五、租赁合同的解除

关联规范

《中华人民共和国民法典》

第一百九十九条 法律规定或者当事人约定的撤销权、解除权等权利的存续期间，除法律另有规定外，自权利人知道或者应当知道权利产生之日起计算，不适用有关诉讼时效中止、中断和延长的规定。存续期间届满，撤销权、解除权等权利消灭。

第五百六十二条 当事人协商一致，可以解除合同。

当事人可以约定一方解除合同的事由。解除合同的事由发生时，解除权人可以解除合同。

第五百六十三条 有下列情形之一的，当事人可以解除合同：

（一）因不可抗力致使不能实现合同目的；

（二）在履行期限届满前，当事人一方明确表示或者以自己的行为表明不履行主要债务；

（三）当事人一方迟延履行主要债务，经催告后在合理期限内仍未履行；

（四）当事人一方迟延履行债务或者有其他违约行为致使不能实

现合同目的；

（五）法律规定的其他情形。

以持续履行的债务为内容的不定期合同，当事人可以随时解除合同，但是应当在合理期限之前通知对方。

第五百六十四条 法律规定或者当事人约定解除权行使期限，期限届满当事人不行使的，该权利消灭。

法律没有规定或者当事人没有约定解除权行使期限，自解除权人知道或者应当知道解除事由之日起一年内不行使，或者经对方催告后在合理期限内不行使的，该权利消灭。

第五百六十五条 当事人一方依法主张解除合同的，应当通知对方。合同自通知到达对方时解除；通知载明债务人在一定期限内不履行债务则合同自动解除，债务人在该期限内未履行债务的，合同自通知载明的期限届满时解除。对方对解除合同有异议的，任何一方当事人均可以请求人民法院或者仲裁机构确认解除行为的效力。

当事人一方未通知对方，直接以提起诉讼或者申请仲裁的方式依法主张解除合同，人民法院或者仲裁机构确认该主张的，合同自起诉状副本或者仲裁申请书副本送达对方时解除。

第七百一十一条 承租人未按照约定的方法或者未根据租赁物的性质使用租赁物，致使租赁物受到损失的，出租人可以解除合同并请求赔偿损失。

第七百一十六条第二款 承租人未经出租人同意转租的，出租人可以解除合同。

第七百二十二条 承租人无正当理由未支付或者迟延支付租金的，出租人可以请求承租人在合理期限内支付；承租人逾期不支付的，出租人可以解除合同。

第七百二十九条 因不可归责于承租人的事由，致使租赁物部分或者全部毁损、灭失的，承租人可以请求减少租金或者不支付租金；因租赁物部分或者全部毁损、灭失，致使不能实现合同目的的，承租人可以解除合同。

第七百三十条 当事人对租赁期限没有约定或者约定不明确，依据本法第五百一十条的规定仍不能确定的，视为不定期租赁；当事人可以随时解除合同，但是应当在合理期限之前通知对方。

第七百三十一条 租赁物危及承租人的安全或者健康的，即使承租人订立合同时明知该租赁物质量不合格，承租人仍然可以随时解除合同。

📝《最高人民法院关于审理城镇房屋租赁合同纠纷案件具体应用法律若干问题的解释》

第六条 承租人擅自变动房屋建筑主体和承重结构或者扩建，在出租人要求的合理期限内仍不予恢复原状，出租人请求解除合同并要求赔偿损失的，人民法院依照民法典第七百一十一条的规定处理。

第三节　主要争点问题说理

一、案由的确定

裁判依据

📝《中华人民共和国民法典》

第七百零三条 租赁合同是出租人将租赁物交付承租人使用、收益，承租人支付租金的合同。

裁判理由

情形一:《中华人民共和国民法典》第七百零三条规定:租赁合同是出租人将租赁物交付承租人使用、收益,承租人支付租金的合同。本案双方争议的合同名称虽为商铺承包合同,但案涉合同主要内容是约定甲方将房屋交付乙方使用,乙方按期支付费用,并在合同期满后将房屋交还甲方,该合同符合房屋租赁合同的一般特征,应当界定为房屋租赁合同。上诉人主张案涉纠纷应为承包合同纠纷,缺乏依据,本院不予采纳。

情形二:承租人在原租赁合同租期内,经出租人同意,将商铺租赁权连同商铺内的装饰装修物、设备等一并转让,由受让人经营使用并履行原租赁合同,承租人退出原租赁合同关系的,受让人与出租人因商铺租赁而发生的纠纷应界定为房屋租赁合同纠纷,承租人与受让人因转让而发生的纠纷一般应界定为合同纠纷。本案受让人就商铺转让费与原承租人之间发生的纠纷应为合同纠纷,上诉人主张与原承租人之间的纠纷为租赁合同纠纷,与事实不符,本院不予采纳。

二、租赁合同文本的争议

裁判依据

《中华人民共和国民法典》

第六百四十六条 法律对其他有偿合同有规定的,依照其规定;没有规定的,参照适用买卖合同的有关规定。

裁判理由

情形一:上诉人与被上诉人签订《租赁意向书》,约定在一个月内订立房屋租赁合同,该意向书应为预约合同。因上诉人一方原因致使房屋租赁合同未能如约订立，被上诉人请求上诉人承担预约合同违约责任，应予支持。上诉人主张《租赁意向书》并非预约合同，并不构成对双方的约束，其无需向被上诉人承担违约责任，缺乏依据，本院不予支持。

情形二：租赁双方应按照双方真实意思表示履行各自的权利义务。本案租赁双方虽然签署了两份租赁合同，但其中一份租赁合同是为办理租赁备案而签订的，该租赁合同中的部分条款并非双方真实意思表示，仅是双方为办理租赁备案而签订，故案涉租赁合同应以双方签署的另一份租赁合同为准，上诉人主张双方租赁合同应以租赁备案的租赁合同为准，与双方真实意思表示及实际履行情况不符，本院不予采纳。

三、租赁合同效力的审查认定

裁判依据

《中华人民共和国民法典》

第一百四十六条 行为人与相对人以虚假的意思表示实施的民事法律行为无效。

以虚假的意思表示隐藏的民事法律行为的效力，依照有关法律规定处理。

第一百五十三条 违反法律、行政法规的强制性规定的民事法律行为无效。但是，该强制性规定不导致该民事法律行为无效的除外。

违背公序良俗的民事法律行为无效。

第一百五十四条 行为人与相对人恶意串通，损害他人合法权益的民事法律行为无效。

《最高人民法院关于审理城镇房屋租赁合同纠纷案件具体应用法律若干问题的解释》

第二条 出租人就未取得建设工程规划许可证或者未按照建设工程规划许可证的规定建设的房屋，与承租人订立的租赁合同无效。但在一审法庭辩论终结前取得建设工程规划许可证或者经主管部门批准建设的，人民法院应当认定有效。

第三条 出租人就未经批准或者未按照批准内容建设的临时建筑，与承租人订立的租赁合同无效。但在一审法庭辩论终结前经主管部门批准建设的，人民法院应当认定有效。

租赁期限超过临时建筑的使用期限，超过部分无效。但在一审法庭辩论终结前经主管部门批准延长使用期限的，人民法院应当认定延长使用期限内的租赁期间有效。

裁判理由

《最高人民法院关于审理城镇房屋租赁合同纠纷案件具体应用法律若干问题的解释》第二条规定：出租人就未取得建设工程规划许可证或者未按照建设工程规划许可证的规定建设的房屋，与承租人订立的租赁合同无效。但在一审法庭辩论终结前取得建设工程规划许可证或者经主管部门批准建设的，人民法院应当认定有效。本案上诉人（出租人）出租的案涉房屋并未取得建设工程规划许可证，在一审法庭辩论终结前上诉人也未取得建设工程规划许可证，故案涉租赁合同应认定为无效。上诉人主张租赁合同有效，缺乏法律依据，本院不予支持。

四、租赁合同无效的法律后果

裁判依据

《中华人民共和国民法典》

第一百五十七条 民事法律行为无效、被撤销或者确定不发生效力后，行为人因该行为取得的财产，应当予以返还；不能返还或者没有必要返还的，应当折价补偿。有过错的一方应当赔偿对方由此所受到的损失；各方都有过错的，应当各自承担相应的责任。法律另有规定的，依照其规定。

《最高人民法院关于审理城镇房屋租赁合同纠纷案件具体应用法律若干问题的解释》

第四条 房屋租赁合同无效，当事人请求参照合同约定的租金标准支付房屋占有使用费的，人民法院一般应予支持。

当事人请求赔偿因合同无效受到的损失，人民法院依照民法典第一百五十七条和本解释第七条、第十一条、第十二条的规定处理。

第七条 承租人经出租人同意装饰装修，租赁合同无效时，未形成附合的装饰装修物，出租人同意利用的，可折价归出租人所有；不同意利用的，可由承租人拆除。因拆除造成房屋毁损的，承租人应当恢复原状。

已形成附合的装饰装修物，出租人同意利用的，可折价归出租人所有；不同意利用的，由双方各自按照导致合同无效的过错分担现值损失。

第十一条 承租人未经出租人同意装饰装修或者扩建发生的费用，由承租人负担。出租人请求承租人恢复原状或者赔偿损失的，人民法院应予支持。

第十二条 承租人经出租人同意扩建，但双方对扩建费用的处理没有约定的，人民法院按照下列情形分别处理：

（一）办理合法建设手续的，扩建造价费用由出租人负担；

（二）未办理合法建设手续的，扩建造价费用由双方按照过错分担。

裁判理由

情形一：《中华人民共和国民法典》第一百五十七条规定，民事法律行为无效、被撤销或者确定不发生效力后，行为人因该行为取得的财产，应当予以返还；不能返还或者没有必要返还的，应当折价补偿。有过错的一方应当赔偿对方由此所受到的损失；各方都有过错的，应当各自承担相应的责任。法律另有规定的，依照其规定。本案上诉人与被上诉人签署的房屋租赁合同因违反法律的强制性规定而归于无效，依据上述规定，出租人有权要求承租人搬离并返还房屋，承租人亦有权要求出租人退还租赁保证金。出租人主张无需退还租赁保证金，没有事实和法律依据，本院不予支持。

情形二：《最高人民法院关于审理城镇房屋租赁合同纠纷案件具体应用法律若干问题的解释》第四条规定，房屋租赁合同无效，当事人请求参照合同约定的租金标准支付房屋占有使用费的，人民法院一般应予支持。本案房屋租赁合同无效，出租人请求参照租赁合同约定的租金标准支付房屋占有使用费，本院予以支持。承租人主张租赁合同已归于无效，其无需再向出租人支付租金或占有使用费，缺乏事实及法律依据，本院不予支持。

情形三：租赁合同无效后，出租人请求参照租赁合同约定的租金标准支付房屋占有使用费的，原则上应予支持。但本案出租人在租赁行为存续期间曾对租赁房屋采取停水、停电等不当行为，且出租人拒绝为承租人开具放行条并阻挠承租人搬离，导致承租人无法正常使用租赁物业并增加占有租赁物业的期间，故承租人无需对因出租人上述行为所造成的无法正常使用租赁物业或增加占有租赁物业的期间所产生的占有使用费承担支付责任，出租人上诉请求承租人支付上述期间的占有使用费，缺乏依据，本院不予支持。

情形四：《最高人民法院关于审理城镇房屋租赁合同纠纷案件具体应用法律若干问题的解释》第七条规定，承租人经出租人同意装饰装修，租赁合同无效时，未形成附合的装饰装修物，出租人同意利用的，可折价归出租人所有；不同意利用的，可由承租人拆除。因拆除造成房屋毁损的，承租人应当恢复原状。已形成附合的装饰装修物，出租人同意利用的，可折价归出租人所有；不同意利用的，由双方各自按照导致合同无效的过错分担现值损失。本案租赁合同签订时出租人同意承租人装修，且本案出租人对于租赁合同无效确系存在过错，故对于已形成附合的装饰装修物，在出租人明确表示不同意利用的情况下，出租人应对承租人予以适当的补偿，一审法院根据租赁合同约定的租赁期限及实际已经履行的期限酌定判决出租人应对承租人目前的装修残值损失分担相应的责任，处理并无不当，本院予以维持。

情形五：《最高人民法院关于审理城镇房屋租赁合同纠纷案件具体应用法律若干问题的解释》第十一条规定，承租人未经出租人同意装饰装修或者扩建发生的费用，由承租人负担。出租人请求承租人恢复原状或者赔偿损失的，人民法院应予支持。本案租赁合同签订后，承租人未经出租人同意便对租赁物业进行装修，现租赁合同无效，承租人请求出租人承担装饰装修费用，缺乏法律依据，本院不予支持。

五、租赁合同解除权的消灭

裁判依据

《中华人民共和国民法典》

第五百六十四条 法律规定或者当事人约定解除权行使期限，期限届满当事人不行使的，该权利消灭。

法律没有规定或者当事人没有约定解除权行使期限，自解除权人知道或者应当知道解除事由之日起一年内不行使，或者经对方催告后在合理期限内不行使的，该权利消灭。

裁判理由

承租人拖欠租金虽然已达租赁合同约定的解约条件，但承租人补足了所欠租金后，出租人其后又正常收取了次月租金，应视为出租人在合理期限内未提出解除租赁合同。出租人现以承租人曾拖欠租金为由主张解除双方之间的租赁合同，本院对此不予支持。

六、违约责任的认定

裁判依据

《中华人民共和国民法典》

第七百一十一条 承租人未按照约定的方法或者未根据租赁物的性质使用租赁物，致使租赁物受到损失的，出租人可以解除合同并请求赔偿损失。

第七百一十三条 承租人在租赁物需要维修时可以请求出租人在合理期限内维修。出租人未履行维修义务的，承租人可以自行维修，维修费用由出租人负担。因维修租赁物影响承租人使用的，应当相应减少租金或者延长租期。

因承租人的过错致使租赁物需要维修的，出租人不承担前款规定的维修义务。

第七百一十四条 租人应当妥善保管租赁物，因保管不善造成租赁物毁损、灭失的，应当承担赔偿责任。

第七百一十五条 承租人经出租人同意，可以对租赁物进行改善或者增设他物。

承租人未经出租人同意，对租赁物进行改善或者增设他物的，出租人可以请求承租人恢复原状或者赔偿损失。

第七百二十二条 承租人无正当理由未支付或者迟延支付租金的，出租人可以请求承租人在合理期限内支付；承租人逾期不支付的，出租人可以解除合同。

第七百二十三条 因第三人主张权利，致使承租人不能对租赁物使用、收益的，承租人可以请求减少租金或者不支付租金。

第三人主张权利的，承租人应当及时通知出租人。

第七百二十九条 因不可归责于承租人的事由，致使租赁物部分或者全部毁损、灭失的，承租人可以请求减少租金或者不支付租金；因租赁物部分或者全部毁损、灭失，致使不能实现合同目的的，承租人可以解除合同。

裁判理由

情形一：《中华人民共和国民法典》第七百一十三条第一款规定，承租人在租赁物需要维修时可以请求出租人在合理期限内维修。出租人未履行维修义务的，承租人可以自行维修，维修费用由出租人负担。因维修租赁物影响承租人使用的，应当相应减少租金或者延长租期。本案承租人在使用租赁房屋期间发生漏水情况，根据《中华人民共和国民法典》的上述规定及双方约定，出租人对此负有维修义务，但出租人怠于履行维修义务，承租人由此自行维修产生的费用应由出租人承担，出租人主张其无需负担承租人实际发生的维修费用，缺乏依据，本院对其上诉请求不予支持。

情形二：《中华人民共和国民法典》第七百一十一条规定，承租人未按照约定的方法或者未根据租赁物的性质使用租赁物，致使租赁物受到损失的，出租人可以解除合同并请求赔偿损失。本案承租人与出租人签订的租赁合同约定租赁用途为自住，但承租人在承租租赁物业之后违反租赁合同的约定，将租赁房屋用于经营宠物店，养殖多只宠物猫造成租赁房屋墙面受损、家具部分损坏，出租人请求解除租赁合同并赔偿损失，符合双方约定及法律规定，本院予以支持。承租人上诉主张出租人不享有租赁合同的解除权并主张其无需赔偿出租人相关损失，缺乏依据，本院不予支持。

情形三：《中华人民共和国民法典》第七百二十二条规定，承租人无正当理由未支付或者迟延支付租金的，出租人可以请求承租人在合理期限内支付；承租人逾期不支付的，出租人可以解除合同。本案承租人目前已拖欠出租人租金达半年以上，经出租人催缴后承租人仍未履行支付租金的义务，亦未能就延迟支付租金与出租人达成一致，故承租人未付租金的行为已严重违反租赁合同的约定，出租人根据合同约定及法律规定有权解除租赁合同。承租人以经营不善为由不同意解除租赁合同，缺乏事实及法律依据，本院不予支持。

情形四：《中华人民共和国民法典》第七百二十三条第一款规定，因第三人主张权利，致使承租人不能对租赁物使用、收益的，承租人可以请求减少租金或者不支付租金。本案租赁物业是出租人从业主处租赁后转租给承租人的，因出租人拖欠业主租金被业主解除租赁合同，业主亦要求承租人及时搬离，导致承租人不能对租赁物业占有使用，故承租人有权拒付租金。出租人主张承租人应向其支付租金，缺乏依据，本院不予支持。

七、买卖不破租赁及除外情形

裁判依据

《中华人民共和国民法典》

第四百零五条 抵押权设立前，抵押财产已经出租并转移占有的，原租赁关系不受该抵押权的影响。

第七百二十五条 租赁物在承租人按照租赁合同占有期限内发生所有权变动的，不影响租赁合同的效力。

《最高人民法院关于审理城镇房屋租赁合同纠纷案件具体应用法律若干问题的解释》

第十四条 租赁房屋在承租人按照租赁合同占有期限内发生所有权变动，承租人请求房屋受让人继续履行原租赁合同的，人民法院应予支持。但租赁房屋具有下列情形或者当事人另有约定的除外：

（一）房屋在出租前已设立抵押权，因抵押权人实现抵押权发生所有权变动的；

（二）房屋在出租前已被人民法院依法查封的。

裁判理由

情形一：案涉租赁物业在租赁合同履行期间发生了所有权变动，根据法律规定，案涉物业上原存在的租赁关系保持不变。现案涉租赁物业新所有权人以承租人目前支付的租金低于市场租金为由主张调高租赁物业租金,没有事实及法律依据,本院不予支持。

情形二:《最高人民法院关于审理城镇房屋租赁合同纠纷案件具体应用法律若干问题的解释》第十四条规定,租赁房屋在承租人按照租赁合同占有期限内发生所有权变动,承租人请求房屋受让人继续履行原租赁合同的,人民法院应予支持。但租赁房屋具有下列情形或者当事人另有约定的除外:(一)房屋在出租前已设立抵押权,因抵押权人实现抵押权发生所有权变动的;(二)房屋在出租前已被人民法院依法查封的。案涉租赁物业在出租前已设定抵押权,案涉物业的抵押权人因实现抵押权而导致案涉物业的所有权人发生了变动,原租赁合同项下的出租人已不再是案涉租赁物业的业主。现案涉租赁物业的新所有权人请求承租人搬离租赁物业,符合法律规定,本院予以支持。承租人以原租赁合同约定的租赁期限尚未届满为由主张继续承租租赁物业,没有法律依据,本院不予支持。

第四节 庭审(调查)提问提纲

要素一:租赁合同主体
双方对房屋租赁的合同主体身份有无异议?
案涉租赁房屋是否涉及转租?
要素二:房屋的合法性
案涉房屋是否已取得房屋所有权证书?
案涉房屋所属建筑物是否已取得建设工程规划许可证或建筑许可证?
案涉房屋所属建筑物有无取得临时使用许可文件?
要素三:房屋租赁合同的内容
双方是否签订书面租赁合同?

续表

租赁合同关于租赁房屋的位置、状况、面积、用途是如何约定的？
租赁合同关于租赁期限（包括租赁期限、房屋交付日期、免租期、起租日期等）的具体内容是如何约定的？
租赁合同关于押金（租赁保证金）数额及支付时间是如何约定的？
租赁合同关于租金金额及支付时间是如何约定的？
租赁合同是否约定出租人同意装修、转租？
租赁合同是否约定提前解除租赁合同的相关内容？
租赁合同是否约定违约责任？
要素四：租赁合同的履行情况
合同租期是否已经届满？
出租人有无按时交付房屋，交付的房屋是否符合约定？
承租人有无按约定支付押金（租赁保证金）？
承租人有无按时支付租金，拖欠租金的时间和数额？
承租人有无装修，装修是否经过出租人同意？
承租人是否存在转租？转租合同的履行情况如何？
要素五：租赁合同的解除
租赁纠纷发生的起因，双方协商的情况如何？
当事人一方解除合同的理由是什么？解除通知有无送达给对方？
要素六：损失的确定
租赁纠纷发生后房屋有无交接？交接的具体时间？
出租人有无停水断电上锁？停水断电上锁前有无提前通知承租人？承租人使用房屋有无受到影响？
押金（租赁保证金）有无退还给承租人？
出租人违约导致合同解除的，承租人是否存在营业损失或搬迁费等损失，损失的具体金额是多少？损失是如何计算的？
承租人违约导致合同解除的，出租人是否存在房屋空置期损失？损失的金额是多少？
承租人有无进行装修？装修的具体金额是多少？装修装饰物的现值损失或残值损失是多少？

第五节　裁判文书模板

××××人民法院
民事判决书

（××××）……民终……号

上诉人（原审诉讼地位）：×××，……。

法定代理人/指定代理人/法定代表人/主要负责人：×××，……。

委托诉讼代理人：×××，……。

被上诉人（原审诉讼地位）：×××，……。

法定代理人/指定代理人/法定代表人/主要负责人：×××，……。

委托诉讼代理人：×××，……。

原审原告/被告/第三人：×××，……。

法定代理人/指定代理人/法定代表人/主要负责人：×××，……。

委托诉讼代理人：×××，……。

（以上写明当事人和其他诉讼参加人的姓名或者名称等基本信息）。

上诉人×××因与被上诉人×××/上诉人×××及原审原告/被告/第三人×××房屋租赁合同纠纷一案，不服××××人民法院（××××）……民初……号民事判决，向本院提起上诉。本院于

××××年××月××日立案受理，依法组成合议庭审理了本案。本案现已审理终结。

×××上诉请求：……（写明上诉请求）。事实和理由：……（概述上诉人主张的事实和理由）。

×××辩称，……（概述被上诉人答辩意见）。

×××述称，……（概述原审原告／被告／第三人陈述意见）。

×××向一审法院起诉请求：……（写明原告／反诉原告／有独立请求权的第三人的诉讼请求）。

一审法院认定事实：……（概述一审认定的事实）。一审法院认为，……（概述一审裁判理由）。判决：……（写明一审判决主文）。

（情形一：） 本院二审期间，各方当事人没有提交新证据。一审判决查明事实（详见一审判决书）清楚，本院予以确认。

（情形二：） 本院二审期间，当事人提交了以下证据，用以证明……。当事人质证认为：……。

本院二审查明：

（要素一：）租赁合同的主体。

（要素二：）租赁房屋的合法性。

（要素三：）租赁房屋的具体内容（包括租赁物业的位置、面积、用途、租金标准、租金支付时间、租赁保证金金额及支付时间、违约责任等内容）。

（要素四：）租赁合同的履行情况。

（要素五：）租赁纠纷发生的原因、租赁合同解除原因。

（要素六：）损失的确定。

本院认为，本案系房屋租赁合同纠纷，各方当事人的二审争议焦点为：一、……；二、……；三、……。（根据二审认定的案件事实和相关法律规定，对当事人的上诉请求进行分析评判，说明理由。)

（情形一：）综上所述，上诉人的上诉请求不能成立，应予驳回。一审判决认定事实清楚，适用法律正确，应予维持。依照《中华人民共和国民事诉讼法》第一百七十七条第一款第一项之规定，判决如下：

驳回上诉，维持原判。

二审案件受理费……元，由上诉人×××负担。

本判决为终审判决。

（情形二：）综上所述，上诉人的上诉请求成立，予以支持。依照《中华人民共和国×××法》第×条、《中华人民共和国民事诉讼法》第一百七十七条第一款第×项规定，判决如下：

一、撤销××××人民法院（××××）……民初……号民事判决；

二、……（写明改判内容）。

二审案件受理费……元，由……负担（写明当事人姓名或者名称、负担金额）。

本判决为终审判决。

（情形三：）综上所述，上诉人的上诉请求部分成立。依照《中华人民共和国×××法》第×条、《中华人民共和国民事诉讼法》第一百七十七条第一款第×项规定，判决如下：

一、维持××××人民法院（××××）……民初……号民事判决第×项；

二、撤销××××人民法院（××××）……民初……号民事判决第×项；

三、变更××××人民法院（××××）……民初……号民事

判决第 × 项为……；

四、……（写明新增判项）。

一审案件受理费……元，由……负担（写明当事人姓名或者名称、负担金额）。二审案件受理费……元，由……负担（写明当事人姓名或者名称、负担金额）。

本判决为终审判决。

审　判　长　×××

审　判　员　×××

审　判　员　×××

××××年××月××日

（院印）

书　记　员　×××

第六章
承揽合同纠纷案件

第一节 常见请求权基础

一、支付报酬请求权

📄《中华人民共和国民法典》(2020年5月28日发布 2021年1月1日施行)

第七百八十二条 定作人应当按照约定的期限支付报酬。对支付报酬的期限没有约定或者约定不明确，依据本法第五百一十条的规定仍不能确定的，定作人应当在承揽人交付工作成果时支付；工作成果部分交付的，定作人应当相应支付。

二、交付成果请求权

📄《中华人民共和国民法典》

第七百八十条 承揽人完成工作的，应当向定作人交付工作成果，并提交必要的技术资料和有关质量证明。定作人应当验收该工作成果。

三、违约责任请求权

📄《中华人民共和国民法典》

第七百八十三条 定作人未向承揽人支付报酬或者材料费等价款的，承揽人对完成的工作成果享有留置权或者有权拒绝交付，但是当事人另有约定的除外。

第七百八十四条 承揽人应当妥善保管定作人提供的材料以及完成的工作成果，因保管不善造成毁损、灭失的，应当承担赔偿责任。

第七百八十五条 承揽人应当按照定作人的要求保守秘密，未经定作人许可，不得留存复制品或者技术资料。

第七百八十六条 共同承揽人对定作人承担连带责任，但是当事人另有约定的除外。

第七百八十七条 定作人在承揽人完成工作前可以随时解除合同，造成承揽人损失的，应当赔偿损失。

第二节 基本要素事实

一、合同主体及法律关系

关联规范

📄《中华人民共和国民法典》

第七百七十条 承揽合同是承揽人按照定作人的要求完成工作，交付工作成果，定作人支付报酬的合同。

承揽包括加工、定作、修理、复制、测试、检验等工作。

二、合同内容

关联规范

📄 《中华人民共和国民法典》

第四百七十条 合同的内容由当事人约定，一般包括下列条款：

（一）当事人的姓名或者名称和住所；

（二）标的；

（三）数量；

（四）质量；

（五）价款或者报酬；

（六）履行期限、地点和方式；

（七）违约责任；

（八）解决争议的方法。

当事人可以参照各类合同的示范文本订立合同。

第七百七十一条 承揽合同的内容一般包括承揽的标的、数量、质量、报酬，承揽方式，材料的提供，履行期限，验收标准和方法等条款。

三、合同效力

关联规范

📄 《中华人民共和国民法典》

第一百四十六条 行为人与相对人以虚假的意思表示实施的民事

法律行为无效。

以虚假的意思表示隐藏的民事法律行为的效力，依照有关法律规定处理。

第一百四十七条 基于重大误解实施的民事法律行为，行为人有权请求人民法院或者仲裁机构予以撤销。

第一百四十八条 一方以欺诈手段，使对方在违背真实意思的情况下实施的民事法律行为，受欺诈方有权请求人民法院或者仲裁机构予以撤销。

第一百四十九条 第三人实施欺诈行为，使一方在违背真实意思的情况下实施的民事法律行为，对方知道或者应当知道该欺诈行为的，受欺诈方有权请求人民法院或者仲裁机构予以撤销。

第一百五十条 一方或者第三人以胁迫手段，使对方在违背真实意思的情况下实施的民事法律行为，受胁迫方有权请求人民法院或者仲裁机构予以撤销。

第一百五十一条 一方利用对方处于危困状态、缺乏判断能力等情形，致使民事法律行为成立时显失公平的，受损害方有权请求人民法院或者仲裁机构予以撤销。

四、合同履行

关联规范

《中华人民共和国民法典》

第七百七十二条 承揽人应当以自己的设备、技术和劳力，完成主要工作，但是当事人另有约定的除外。

承揽人将其承揽的主要工作交由第三人完成的，应当就该第三人完成的工作成果向定作人负责；未经定作人同意的，定作人也可以解除合同。

第七百七十三条 承揽人可以将其承揽的辅助工作交由第三人完成。承揽人将其承揽的辅助工作交由第三人完成的，应当就该第三人完成的工作成果向定作人负责。

第七百七十四条 承揽人提供材料的，应当按照约定选用材料，并接受定作人检验。

第七百七十五条 定作人提供材料的，应当按照约定提供材料。承揽人对定作人提供的材料应当及时检验，发现不符合约定时，应当及时通知定作人更换、补齐或者采取其他补救措施。

承揽人不得擅自更换定作人提供的材料，不得更换不需要修理的零部件。

第七百七十六条 承揽人发现定作人提供的图纸或者技术要求不合理的，应当及时通知定作人。因定作人怠于答复等原因造成承揽人损失的，应当赔偿损失。

第七百七十七条 定作人中途变更承揽工作的要求，造成承揽人损失的，应当赔偿损失。

第七百七十九条 承揽人在工作期间，应当接受定作人必要的监督检验。定作人不得因监督检验妨碍承揽人的正常工作。

第七百八十条 承揽人完成工作的，应当向定作人交付工作成果，并提交必要的技术资料和有关质量证明。定作人应当验收该工作成果。

五、合同解除

关联规范

《中华人民共和国民法典》

第五百六十二条 当事人协商一致，可以解除合同。

当事人可以约定一方解除合同的事由。解除合同的事由发生时，解除权人可以解除合同。

第五百六十三条 有下列情形之一的，当事人可以解除合同：

（一）因不可抗力致使不能实现合同目的；

（二）在履行期限届满前，当事人一方明确表示或者以自己的行为表明不履行主要债务；

（三）当事人一方迟延履行主要债务，经催告后在合理期限内仍未履行；

（四）当事人一方迟延履行债务或者有其他违约行为致使不能实现合同目的；

（五）法律规定的其他情形。

以持续履行的债务为内容的不定期合同，当事人可以随时解除合同，但是应当在合理期限之前通知对方。

第五百六十四条 法律规定或者当事人约定解除权行使期限，期限届满当事人不行使的，该权利消灭。

法律没有规定或者当事人没有约定解除权行使期限，自解除权人知道或者应当知道解除事由之日起一年内不行使，或者经对方催告后在合理期限内不行使的，该权利消灭。

第五百六十五条 当事人一方依法主张解除合同的，应当通知对方。合同自通知到达对方时解除；通知载明债务人在一定期限内不履行债务则合同自动解除，债务人在该期限内未履行债务的，合同自通知载明的期限届满时解除。对方对解除合同有异议的，任何一方当事人均可以请求人民法院或者仲裁机构确认解除行为的效力。

当事人一方未通知对方，直接以提起诉讼或者申请仲裁的方式依法主张解除合同，人民法院或者仲裁机构确认该主张的，合同自起诉状副本或者仲裁申请书副本送达对方时解除。

第七百七十八条　承揽工作需要定作人协助的，定作人有协助的义务。定作人不履行协助义务致使承揽工作不能完成的，承揽人可以催告定作人在合理期限内履行义务，并可以顺延履行期限；定作人逾期不履行的，承揽人可以解除合同。

第三节　主要争点问题说理

一、承揽合同的成果交付

裁判依据

《中华人民共和国民法典》

第七百七十二条　承揽人应当以自己的设备、技术和劳力，完成主要工作，但是当事人另有约定的除外。

承揽人将其承揽的主要工作交由第三人完成的，应当就该第三人完成的工作成果向定作人负责；未经定作人同意的，定作人也可以解除合同。

第七百八十条 承揽人完成工作的，应当向定作人交付工作成果，并提交必要的技术资料和有关质量证明。定作人应当验收该工作成果。

第七百八十一条 承揽人交付的工作成果不符合质量要求的，定作人可以合理选择请求承揽人承担修理、重作、减少报酬、赔偿损失等违约责任。

第七百八十二条 定作人应当按照约定的期限支付报酬。对支付报酬的期限没有约定或者约定不明确，依据本法第五百一十条的规定仍不能确定的，定作人应当在承揽人交付工作成果时支付；工作成果部分交付的，定作人应当相应支付。

裁判理由

本案中，定作人以承揽人将定作物交由案外人完成为由拒绝支付价款的抗辩不成立，理由如下：首先按照定作内容，承揽人承担了大部分工作，其仅将部分内容转交他人完成；其次，承揽人在交付定作物时，按约交付了相应资料；最后，定作人对于定作物质量未提出异议。综上，定作人抗辩本院不予采纳，其应当支付定作物价款。

二、承揽合同的解除

裁判依据

《中华人民共和国民法典》

第七百七十二条 承揽人应当以自己的设备、技术和劳力，完成主要工作，但是当事人另有约定的除外。

承揽人将其承揽的主要工作交由第三人完成的，应当就该第三人完成的工作成果向定作人负责；未经定作人同意的，定作人也可以解除合同。

第七百八十七条 定作人在承揽人完成工作前可以随时解除合同，造成承揽人损失的，应当赔偿损失。

裁判理由

定作人在承揽人尚未完成定作物之前，可以随时解除合同，因此定作人解除承揽合同的主张应予支持。由于承揽人对于合同解除没有过错，承揽人在本案中为履行承揽合同所作准备的物流以及人工费，应由定作人承担。

三、承揽合同的留置

裁判依据

《中华人民共和国民法典》

第四百四十七条 债务人不履行到期债务，债权人可以留置已经合法占有的债务人的动产，并有权就该动产优先受偿。

前款规定的债权人为留置权人，占有的动产为留置财产。

第七百八十三条 定作人未向承揽人支付报酬或者材料费等价款的，承揽人对完成的工作成果享有留置权或者有权拒绝交付，但是当事人另有约定的除外。

裁判理由

本案中承揽人已经完成了工作成果，并通知定作人领取。但是定作人未按约向承揽人支付加工费，在定作人未举证证明双方就合同履行顺序进行变更的情况下，承揽人有权保留工作成果，直至定作人按约支付加工费。

第四节 庭审（调查）提问提纲

要素一：合同主体及法律关系
双方是否签订书面承揽合同？
口头达成承揽合意是否有证据？
要素二：合同内容
双方对承揽合同中约定的标的、数量、质量、报酬、承揽方式、材料的提供、履行期限、验收标准和方法等条款是否有异议？
要素三：合同效力
合同是否存在虚假意思表示等无效情形？
合同是否存在重大误解、欺诈、胁迫、显失公平等可撤销情形？
要素四：合同履行
承揽人是否向定作人交付工作成果，并提交必要的技术资料和有关质量证明？
定作人是否验收该工作成果？
承揽人交付的工作成果是否符合质量要求？
付款条件是否成就，定作人有无按约定支付报酬，拖欠报酬的时间和数额？
要素五：合同解除
纠纷发生的起因，双方协商的情况如何？
当事人一方解除合同的理由，解除通知何时到达对方？

第五节　裁判文书模板

××××人民法院
民事判决书

（××××）……民终……号

上诉人（原审诉讼地位）：×××，……。

法定代理人/指定代理人/法定代表人/主要负责人：×××，……。

委托诉讼代理人：×××，……。

被上诉人（原审诉讼地位）：×××，……。

法定代理人/指定代理人/法定代表人/主要负责人：×××，……。

委托诉讼代理人：×××，……。

原审原告/被告/第三人：×××，……。

法定代理人/指定代理人/法定代表人/主要负责人：×××，……。

委托诉讼代理人：×××，……。

（以上写明当事人和其他诉讼参加人的姓名或者名称等基本信息）。

上诉人×××因与被上诉人×××/上诉人×××及原审原告/被告/第三人×××承揽合同纠纷一案，不服××××人民法院（××××）……民初……号民事判决，向本院提起上诉。本院于

××××年××月××日立案受理，依法组成合议庭审理了本案。本案现已审理终结。

×××上诉请求：……（写明上诉请求）。事实和理由：……（概述上诉人主张的事实和理由）。

×××辩称，……（概述被上诉人答辩意见）。

×××述称，……（概述原审原告/被告/第三人陈述意见）。

×××向一审法院起诉请求：……（写明原告/反诉原告/有独立请求权的第三人的诉讼请求）。

一审法院认定事实：……（概述一审认定的事实）。一审法院认为，……（概述一审裁判理由）。判决：……（写明一审判决主文）。

（情形一：） 本院二审期间，各方当事人没有提交新证据。一审判决查明事实（详见一审判决书）清楚，本院予以确认。

（情形二：） 本院二审期间，当事人提交了以下证据，用以证明……。当事人质证认为：……。

本院二审查明：

（要素一：）双方是否签订书面承揽合同？

（要素二：）口头达成承揽合意是否有证据？

（要素三：）双方对承揽合同中约定的标的、数量、质量、报酬、承揽方式、材料的提供、履行期限、验收标准和方法等条款是否有异议？

（要素四：）合同是否存在虚假意思表示等无效情形？

（要素五：）合同是否存在重大误解、欺诈、胁迫、显失公平等可撤销情形？

（要素六：）承揽人是否向定作人交付工作成果，并提交必要的技术资料和有关质量证明？

（要素七：）定作人是否验收该工作成果？

（要素八：）承揽人交付的工作成果是否符合质量要求？

（要素九：）付款条件是否成就，定作人有无按约定支付报酬，拖欠报酬的时间和数额？

（要素十：）纠纷发生的起因，双方协商的情况如何？

（要素十一：）当事人一方解除合同的理由，解除通知何时到达对方？

本院认为，本案系承揽合同纠纷，各方当事人的二审争议焦点为：一、……；二、……；三、……。（根据二审认定的案件事实和相关法律规定，对当事人的上诉请求进行分析评判，说明理由。）

（情形一：）综上所述，上诉人的上诉请求不能成立，应予驳回。一审判决认定事实清楚，适用法律正确，应予维持。依照《中华人民共和国民事诉讼法》第一百七十七条第一款第一项之规定，判决如下：

驳回上诉，维持原判。

二审案件受理费……元，由上诉人×××负担。

本判决为终审判决。

（情形二：）综上所述，上诉人的上诉请求成立，予以支持。依照《中华人民共和国×××法》第×条、《中华人民共和国民事诉讼法》第一百七十七条第一款第×项规定，判决如下：

一、撤销××××人民法院（××××）……民初……号民事判决；

二、……（写明改判内容）。

二审案件受理费……元，由……负担（写明当事人姓名或者名称、负担金额）。

本判决为终审判决。

（**情形三：**）综上所述，上诉人的上诉请求部分成立。依照《中华人民共和国×××法》第×条、《中华人民共和国民事诉讼法》第一百七十七条第一款第×项规定，判决如下：

一、维持××××人民法院（××××）……民初……号民事判决第×项；

二、撤销××××人民法院（××××）……民初……号民事判决第×项；

三、变更××××人民法院（××××）……民初……号民事判决第×项为……；

四、……（写明新增判项）。

一审案件受理费……元，由……负担（写明当事人姓名或者名称、负担金额）。二审案件受理费……元，由……负担（写明当事人姓名或者名称、负担金额）。

本判决为终审判决。

审　判　长　×××
审　判　员　×××
审　判　员　×××

××××年××月××日
（院印）
书　记　员　×××

第七章
物业服务合同纠纷案件

第一节　常见请求权基础

一、物业服务人的报酬请求权

📗《中华人民共和国民法典》（2020年5月28日公布　2021年1月1日施行）

第九百四十四条　业主应当按照约定向物业服务人支付物业费。物业服务人已经按照约定和有关规定提供服务的，业主不得以未接受或者无需接受相关物业服务为由拒绝支付物业费。

业主违反约定逾期不支付物业费的，物业服务人可以催告其在合理期限内支付；合理期限届满仍不支付的，物业服务人可以提起诉讼或者申请仲裁。

物业服务人不得采取停止供电、供水、供热、供燃气等方式催交物业费。

第九百五十条　物业服务合同终止后，在业主或者业主大会选聘的新物业服务人或者决定自行管理的业主接管之前，原物业服务人应当继续处理物业服务事项，并可以请求业主支付该期间的物业费。

二、侵权／违约责任请求权

《中华人民共和国民法典》

第九百四十二条 物业服务人应当按照约定和物业的使用性质，妥善维修、养护、清洁、绿化和经营管理物业服务区域内的业主共有部分，维护物业服务区域内的基本秩序，采取合理措施保护业主的人身、财产安全。

对物业服务区域内违反有关治安、环保、消防等法律法规的行为，物业服务人应当及时采取合理措施制止、向有关行政主管部门报告并协助处理。

《最高人民法院关于审理物业服务纠纷案件适用法律若干问题的解释》（2020年12月29日公布　2021年1月1日施行）

第一条 业主违反物业服务合同或者法律、法规、管理规约，实施妨碍物业服务与管理的行为，物业服务人请求业主承担停止侵害、排除妨碍、恢复原状等相应民事责任的，人民法院应予支持。

三、解除物业管理合同请求权

《中华人民共和国民法典》

第九百四十六条 业主依照法定程序共同决定解聘物业服务人的，可以解除物业服务合同。决定解聘的，应当提前六十日书面通知物业服务人，但是合同对通知期限另有约定的除外。

依据前款规定解除合同造成物业服务人损失的，除不可归责于业主的事由外，业主应当赔偿损失。

第九百四十七条 物业服务期限届满前，业主依法共同决定续聘的，应当与原物业服务人在合同期限届满前续订物业服务合同。

物业服务期限届满前，物业服务人不同意续聘的，应当在合同期限届满前九十日书面通知业主或者业主委员会，但是合同对通知期限另有约定的除外。

第九百四十八条 物业服务期限届满后，业主没有依法作出续聘或者另聘物业服务人的决定，物业服务人继续提供物业服务的，原物业服务合同继续有效，但是服务期限为不定期。

当事人可以随时解除不定期物业服务合同，但是应当提前六十日书面通知对方。

四、物业服务合同终止后的业主返还请求权

《中华人民共和国民法典》

第九百四十九条 物业服务合同终止的，原物业服务人应当在约定期限或者合理期限内退出物业服务区域，将物业服务用房、相关设施、物业服务所必需的相关资料等交还给业主委员会、决定自行管理的业主或者其指定的人，配合新物业服务人做好交接工作，并如实告知物业的使用和管理状况。

原物业服务人违反前款规定的，不得请求业主支付物业服务合同终止后的物业费；造成业主损失的，应当赔偿损失。

《最高人民法院关于审理物业服务纠纷案件适用法律若干问题的解释》

第三条 物业服务合同的权利义务终止后，业主请求物业服务人退还已经预收，但尚未提供物业服务期间的物业费的，人民法院应予支持。

第二节　基本要素事实

一、诉讼主体资格

（一）建设单位的诉讼主体资格

关联规范

《中华人民共和国民法典》

第九百三十九条　建设单位依法与物业服务人订立的前期物业服务合同，以及业主委员会与业主大会依法选聘的物业服务人订立的物业服务合同，对业主具有法律约束力。

（二）业主委员会的诉讼主体资格

关联规范

《中华人民共和国民法典》

第二百八十一条　建筑物及其附属设施的维修资金，属于业主共有。经业主共同决定，可以用于电梯、屋顶、外墙、无障碍设施等共有部分的维修、更新和改造。建筑物及其附属设施的维修资金的筹集、使用情况应当定期公布。

紧急情况下需要维修建筑物及其附属设施的，业主大会或者业主委员会可以依法申请使用建筑物及其附属设施的维修资金。

第二百八十六条　业主应当遵守法律、法规以及管理规约，相关行为应当符合节约资源、保护生态环境的要求。对于物业服务企业或者其他管理人执行政府依法实施的应急处置措施和其他管理措施，业主应当依法予以配合。

业主大会或者业主委员会，对任意弃置垃圾、排放污染物或者噪声、违反规定饲养动物、违章搭建、侵占通道、拒付物业费等损害他人合法权益的行为，有权依照法律、法规以及管理规约，请求行为人停止侵害、排除妨碍、消除危险、恢复原状、赔偿损失。

业主或者其他行为人拒不履行相关义务的，有关当事人可以向有关行政主管部门报告或者投诉，有关行政主管部门应当依法处理。

（三）业主的诉讼主体资格

关联规范

《中华人民共和国民法典》

第二百八十六条 业主应当遵守法律、法规以及管理规约，相关行为应当符合节约资源、保护生态环境的要求。对于物业服务企业或者其他管理人执行政府依法实施的应急处置措施和其他管理措施，业主应当依法予以配合。

业主大会或者业主委员会，对任意弃置垃圾、排放污染物或者噪声、违反规定饲养动物、违章搭建、侵占通道、拒付物业费等损害他人合法权益的行为，有权依照法律、法规以及管理规约，请求行为人停止侵害、排除妨碍、消除危险、恢复原状、赔偿损失。

业主或者其他行为人拒不履行相关义务的，有关当事人可以向有关行政主管部门报告或者投诉，有关行政主管部门应当依法处理。

第二百八十七条 业主对建设单位、物业服务企业或者其他管理人以及其他业主侵害自己合法权益的行为，有权请求其承担民事责任。

二、物业服务企业转委托的合同效力认定

关联规范

📄《中华人民共和国民法典》

第九百四十一条 物业服务人将物业服务区域内的部分专项服务事项委托给专业性服务组织或者其他第三人的，应当就该部分专项服务事项向业主负责。

物业服务人不得将其应当提供的全部物业服务转委托给第三人，或者将全部物业服务支解后分别转委托给第三人。

三、物业服务合同的履行

（一）支付物业费

关联规范

📄《中华人民共和国民法典》

第九百四十四条 业主应当按照约定向物业服务人支付物业费。物业服务人已经按照约定和有关规定提供服务的，业主不得以未接受或者无需接受相关物业服务为由拒绝支付物业费。

业主违反约定逾期不支付物业费的，物业服务人可以催告其在合理期限内支付；合理期限届满仍不支付的，物业服务人可以提起诉讼或者申请仲裁。

物业服务人不得采取停止供电、供水、供热、供燃气等方式催交物业费。

第九百四十九条 物业服务合同终止的，原物业服务人应当在约

定期限或者合理期限内退出物业服务区域，将物业服务用房、相关设施、物业服务所必需的相关资料等交还给业主委员会、决定自行管理的业主或者其指定的人，配合新物业服务人做好交接工作，并如实告知物业的使用和管理状况。

原物业服务人违反前款规定的，不得请求业主支付物业服务合同终止后的物业费；造成业主损失的，应当赔偿损失。

第九百五十条　物业服务合同终止后，在业主或者业主大会选聘的新物业服务人或者决定自行管理的业主接管之前，原物业服务人应当继续处理物业服务事项，并可以请求业主支付该期间的物业费。

《最高人民法院关于审理物业服务纠纷案件适用法律若干问题的解释》

第二条　物业服务人违反物业服务合同约定或者法律、法规、部门规章规定，擅自扩大收费范围、提高收费标准或者重复收费，业主以违规收费为由提出抗辩的，人民法院应予支持。

业主请求物业服务人退还其已经收取的违规费用的，人民法院应予支持。

（二）其他履行行为

关联规范

《中华人民共和国民法典》

第九百四十二条　物业服务人应当按照约定和物业的使用性质，妥善维修、养护、清洁、绿化和经营管理物业服务区域内的业主共有部分，维护物业服务区域内的基本秩序，采取合理措施保护业主的人身、财产安全。

对物业服务区域内违反有关治安、环保、消防等法律法规的行为，物业服务人应当及时采取合理措施制止、向有关行政主管部门报告并协助处理。

第九百四十三条 物业服务人应当定期将服务的事项、负责人员、质量要求、收费项目、收费标准、履行情况，以及维修资金使用情况、业主共有部分的经营与收益情况等以合理方式向业主公开并向业主大会、业主委员会报告。

第九百四十五条 业主装饰装修房屋的，应当事先告知物业服务人，遵守物业服务人提示的合理注意事项，并配合其进行必要的现场检查。

业主转让、出租物业专有部分、设立居住权或者依法改变共有部分用途的，应当及时将相关情况告知物业服务人。

四、物业服务合同的解除

关联规范

《中华人民共和国民法典》

第九百四十六条 业主依照法定程序共同决定解聘物业服务人的，可以解除物业服务合同。决定解聘的，应当提前六十日书面通知物业服务人，但是合同对通知期限另有约定的除外。

依据前款规定解除合同造成物业服务人损失的，除不可归责于业主的事由外，业主应当赔偿损失。

第九百四十七条 物业服务期限届满前，业主依法共同决定续聘的，应当与原物业服务人在合同期限届满前续订物业服务合同。

物业服务期限届满前，物业服务人不同意续聘的，应当在合同期限届满前九十日书面通知业主或者业主委员会，但是合同对通知期限另有约定的除外。

第九百四十八条 物业服务期限届满后，业主没有依法作出续聘或者另聘物业服务人的决定，物业服务人继续提供物业服务的，原物业服务合同继续有效，但是服务期限为不定期。

当事人可以随时解除不定期物业服务合同，但是应当提前六十日书面通知对方。

第三节　主要争点问题说理

一、业主不能以其本人未同意选聘物业服务人为由主张物业服务合同无效

裁判依据

《中华人民共和国民法典》

第二百七十八条　下列事项由业主共同决定：

（一）制定和修改业主大会议事规则；

（二）制定和修改管理规约；

（三）选举业主委员会或者更换业主委员会成员；

（四）选聘和解聘物业服务企业或者其他管理人；

（五）使用建筑物及其附属设施的维修资金；

（六）筹集建筑物及其附属设施的维修资金；

（七）改建、重建建筑物及其附属设施；

（八）改变共有部分的用途或者利用共有部分从事经营活动；

（九）有关共有和共同管理权利的其他重大事项。

业主共同决定事项，应当由专有部分面积占比三分之二以上的业主且人数占比三分之二以上的业主参与表决。决定前款第六项至第八项规定的事项，应当经参与表决专有部分面积四分之三以上的业主且参与表决人数四分之三以上的业主同意。决定前款其他事项，应当经参与表决专有部分面积过半数的业主且参与表决人数过半数的业主同意。

裁判理由

业主大会召开程序、表决程序及比例均符合法律规定，且现有证据不足以证明侵害了业主的合法权益，本案业主仅以其本人未同意选聘物业服务人为由，主张物业合同无效，缺乏法律依据，本院不予支持。

二、物业服务人将部分物业服务外包后仍应按合同约定向业主负责

裁判依据

📑《中华人民共和国民法典》

第九百四十一条第一款 物业服务人将物业服务区域内的部分专项服务事项委托给专业性服务组织或者其他第三人的，应当就该部分专项服务事项向业主负责。

裁判理由

物业服务人应当根据合同约定全面履行合同义务，物业服务人委托第三方完成外包服务项目为其履行合同的方式，并不发生物业服务人的合同义务变更或免除的法律后果。第三方未能按照合同约定完成专项物业服务工作，则应视为物业服务人违约，业主主张物业服务人

按照合同约定承担相应的违约责任，本院予以支持。

三、物业服务人不得采取停水停电等措施催交物业费

裁判依据

📖《中华人民共和国民法典》

第九百四十四条第三款 物业服务人不得采取停止供电、供水、供热、供燃气等方式催交物业费。

裁判理由

水、电、气、热等资源的供应属于公共服务的提供，物业服务人并不是供水、供电等合同的当事人，与用户之间并不存在供水、供电等合同关系。业主拒绝支付物业费属于对于物业服务人履行合同义务的抗辩范畴，物业服务人采取停水停电等措施缺乏合同依据。业主主张物业服务人停水停电的行为构成侵权，本院予以支持。

四、个别业主不能行使物业服务合同解除权

裁判依据

📖《中华人民共和国民法典》

第九百四十六条 业主依照法定程序共同决定解聘物业服务人的，可以解除物业服务合同。决定解聘的，应当提前六十日书面通知物业服务人，但是合同对通知期限另有约定的除外。

依据前款规定解除合同造成物业服务人损失的，除不可归责于业主的事由外，业主应当赔偿损失。

裁判理由

无论是建设单位与物业服务人签订的物业服务合同还是业主委

员会代表全体业主与物业服务人签订的物业服务合同，业主均应当遵守。合同解除权利属于全体业主享有的权利，个体业主无权解除合同。本案中，原告作为个体业主以物业服务人构成根本违约为由主张行使解除权，本院不予支持。

五、原物业服务合同期限届满后，新物业服务人接管前，原物业服务合同应继续履行

裁判依据

📄 《中华人民共和国民法典》

第九百五十条　物业服务合同终止后，在业主或者业主大会选聘的新物业服务人或者决定自行管理的业主接管之前，原物业服务人应当继续处理物业服务事项，并可以请求业主支付该期间的物业费。

裁判理由

本案中，原物业服务合同履行期限虽已届满，但业主大会尚未选聘新物业服务人，且物业服务人继续处理了物业服务事项，物业服务人主张该期间的物业费，本院予以支持。

六、在未变更物业服务事项以及服务标准的情况下，原物业服务人继续管理期间的物业费应参照原合同标准支付

裁判依据

📄 《中华人民共和国民法典》

第九百五十条　物业服务合同终止后，在业主或者业主大会选聘的新物业服务人或者决定自行管理的业主接管之前，原物业服务人应当继续处理物业服务事项,并可以请求业主支付该期间的物业费。

裁判理由

原物业服务人在新物业服务人接管之前的继续管理义务是为了保证物业秩序,是其法定义务,在未变更物业服务事项以及服务标准的情况下,原物业服务人主张参照原合同约定的标准支付继续管理期间的物业费,本院予以支持。

第四节 庭审(调查)提问提纲

要素一:合同主体
物业服务合同签订的主体是谁?
签订物业服务合同的业主委员会是否取得了业主大会的授权?
原物业服务合同到期后,有无依法选聘新物业服务人?
要素二:合同效力
物业服务人是否经法定程序选聘?
物业服务合同的签订是否违反了法律、法规的强制性规定?
物业服务合同格式条款的效力如何?
要素三:合同履行
物业服务合同中对物业费是如何约定的?
物业服务合同中对于违约金/滞纳金是如何约定的?
物业服务人所主张的物业费的计算依据是什么?
物业服务人所主张的违约金/滞纳金的计算依据是什么?
物业服务合同约定的服务标准是什么?
物业服务合同的实际履行情况如何?
业主请求调低物业费标准的依据是什么?
当事人是否违反了合同义务?

续表

要素四：合同解除
物业服务合同解除的原因是什么？
业主委员会主张解聘物业服务人是否经过法定程序？
当事人所主张的是违约责任还是侵权责任？
当事人主张对方承担违约责任的依据是什么？

第五节　裁判文书模板

××××人民法院

民事判决书

（××××）……民终……号

上诉人（原审诉讼地位）：×××，……。

法定代理人/指定代理人/法定代表人/主要负责人：×××，……。

委托诉讼代理人：×××，……。

被上诉人（原审诉讼地位）：×××，……。

法定代理人/指定代理人/法定代表人/主要负责人：×××，……。

委托诉讼代理人：×××，……。

原审原告/被告/第三人：×××，……。

法定代理人/指定代理人/法定代表人/主要负责人：×××，……。

委托诉讼代理人：×××，……。

（以上写明当事人和其他诉讼参加人的姓名或者名称等基本信息）。

上诉人×××因与被上诉人×××/上诉人×××及原审原告/被告/第三人×××物业服务合同纠纷一案，不服××××人民法院（××××）……民初……号民事判决，向本院提起上诉。本院于××××年××月××日立案受理，依法组成合议庭审理了本案。本案现已审理终结。

×××上诉请求：……（写明上诉请求）。事实和理由：……（概述上诉人主张的事实和理由）。

×××辩称，……（概述被上诉人答辩意见）。

×××述称，……（概述原审原告/被告/第三人陈述意见）。

×××向一审法院起诉请求：……（写明原告/反诉原告/有独立请求权的第三人的诉讼请求）。

一审法院认定事实：……（概述一审认定的事实）。一审法院认为，……（概述一审裁判理由）。判决：……（写明一审判决主文）。

（情形一：）本院二审期间，各方当事人没有提交新证据。一审判决查明事实（详见一审判决书）清楚，本院予以确认。

（情形二：）本院二审期间，当事人提交了以下证据，用以证明……。当事人质证认为：……。

本院二审查明：

（要素一：）物业服务合同签订的主体是谁？

（要素二：）签订合同的业主委员会是否取得了业主大会的授权？原物业服务合同到期后，有无依法选聘新物业服务人？

（要素三：）物业服务人是否经法定程序选聘？物业服务合同的签订是否违反了法律、法规的强制性规定？物业服务合同格式条款的效力如何？

（要素四：）物业服务合同中对物业费是如何约定的？物业服务人

所主张的物业费的计算依据是什么？

（要素五：）物业服务合同中对于违约金/滞纳金是如何约定的？物业服务人所主张的违约金/滞纳金的计算依据是什么？

（要素六：）物业服务合同约定的服务标准是什么？物业服务合同的实际履行情况如何？业主请求调低物业费标准的依据是什么？当事人是否违反了合同义务？

（要素七：）物业服务合同解除的原因是什么？业主委员会主张解聘物业服务人是否经过法定程序？

（要素八：）当事人所主张的是违约责任还是侵权责任？当事人主张对方承担违约责任的依据是什么？

本院认为，本案系物业服务合同纠纷，各方当事人的二审争议焦点为：一、……；二、……；三、……。（根据二审认定的案件事实和相关法律规定，对当事人的上诉请求进行分析评判，说明理由。）

（情形一：）综上所述，上诉人的上诉请求不能成立，应予驳回。一审判决认定事实清楚，适用法律正确，应予维持。依照《中华人民共和国民事诉讼法》第一百七十七条第一款第一项之规定，判决如下：

驳回上诉，维持原判。

二审案件受理费……元，由上诉人×××负担。

本判决为终审判决。

（情形二：）综上所述，上诉人的上诉请求成立，予以支持。依照《中华人民共和国×××法》第×条、《中华人民共和国民事诉讼法》第一百七十七条第一款第×项规定，判决如下：

一、撤销××××人民法院（××××）……民初……号民事判决；

二、……（写明改判内容）。

二审案件受理费……元，由……负担（写明当事人姓名或者名称、负担金额）。

本判决为终审判决。

（情形三：）综上所述，上诉人的上诉请求部分成立。依照《中华人民共和国×××法》第×条、《中华人民共和国民事诉讼法》第一百七十七条第一款第×项规定，判决如下：

一、维持××××人民法院（××××）……民初……号民事判决第×项；

二、撤销××××人民法院（××××）……民初……号民事判决第×项；

三、变更××××人民法院（××××）……民初……号民事判决第×项为……；

四、……（写明新增判项）。

一审案件受理费……元，由……负担（写明当事人姓名或者名称、负担金额）。二审案件受理费……元，由……负担（写明当事人姓名或者名称、负担金额）。

本判决为终审判决。

审　判　长　×××
审　判　员　×××
审　判　员　×××

××××年××月××日
（院印）

书　记　员　×××

第八章
中介合同纠纷案件

第一节 常见请求权基础

一、促成合同成立的报酬请求权

📄《中华人民共和国民法典》(2020年5月28日公布 2021年1月1日施行)

第九百六十三条 中介人促成合同成立的,委托人应当按照约定支付报酬。对中介人的报酬没有约定或者约定不明确,依据本法第五百一十条的规定仍不能确定的,根据中介人的劳务合理确定。因中介人提供订立合同的媒介服务而促成合同成立的,由该合同的当事人平均负担中介人的报酬。

中介人促成合同成立的,中介活动的费用,由中介人负担。

二、未促成合同成立的必要费用请求权

📄《中华人民共和国民法典》

第九百六十四条 中介人未促成合同成立的,不得请求支付报酬;但是,可以按照约定请求委托人支付从事中介活动支出的必要

费用。

三、委托人的损害赔偿请求权

📖 《中华人民共和国民法典》

第九百六十二条 中介人应当就有关订立合同的事项向委托人如实报告。

中介人故意隐瞒与订立合同有关的重要事实或者提供虚假情况，损害委托人利益的，不得请求支付报酬并应当承担赔偿责任。

第二节 基本要素事实

一、中介主体及法律关系性质

关联规范

📖 《中华人民共和国民法典》

第九百六十一条 中介合同是中介人向委托人报告订立合同的机会或者提供订立合同的媒介服务，委托人支付报酬的合同。

📖 《房地产经纪管理办法》（2016年3月1日修正 2016年4月1日施行）

第七条第一款 本办法所称房地产经纪机构，是指依法设立，从事房地产经纪活动的中介服务机构。

二、中介人的注意及报告义务

关联规范

📄 《中华人民共和国民法典》

第九百六十二条 中介人应当就有关订立合同的事项向委托人如实报告。

中介人故意隐瞒与订立合同有关的重要事实或者提供虚假情况，损害委托人利益的，不得请求支付报酬并应当承担赔偿责任。

📄 《房地产经纪管理办法》

第二十一条第一款 房地产经纪机构签订房地产经纪服务合同前，应当向委托人说明房地产经纪服务合同和房屋买卖合同或者房屋租赁合同的相关内容，并书面告知下列事项：

（一）是否与委托房屋有利害关系；

（二）应当由委托人协助的事宜、提供的资料；

（三）委托房屋的市场参考价格；

（四）房屋交易的一般程序及可能存在的风险；

（五）房屋交易涉及的税费；

（六）经纪服务的内容及完成标准；

（七）经纪服务收费标准和支付时间；

（八）其他需要告知的事项。

三、委托人对中介及其他服务报酬请求的抗辩

关联规范

《中华人民共和国民法典》

第九百六十二条 中介人应当就有关订立合同的事项向委托人如实报告。

中介人故意隐瞒与订立合同有关的重要事实或者提供虚假情况，损害委托人利益的，不得请求支付报酬并应当承担赔偿责任。

第九百六十四条 中介人未促成合同成立的，不得请求支付报酬；但是，可以按照约定请求委托人支付从事中介活动支出的必要费用。

四、委托人的违约责任

关联规范

《中华人民共和国民法典》

第五百七十七条 当事人一方不履行合同义务或者履行合同义务不符合约定的，应当承担继续履行、采取补救措施或者赔偿损失等违约责任。

第五百七十九条 当事人一方未支付价款、报酬、租金、利息，或者不履行其他金钱债务的，对方可以请求其支付。

第五百八十五条 当事人可以约定一方违约时应当根据违约情况向对方支付一定数额的违约金，也可以约定因违约产生的损失赔偿额的计算方法。

约定的违约金低于造成的损失的，人民法院或者仲裁机构可以根据当事人的请求予以增加；约定的违约金过分高于造成的损失的，人民法院或者仲裁机构可以根据当事人的请求予以适当减少。

当事人就迟延履行约定违约金的，违约方支付违约金后，还应当履行债务。

第三节　主要争点问题说理

一、中介人未尽义务的认定及责任承担

裁判依据

《中华人民共和国民法典》

第九百六十二条　中介人应当就有关订立合同的事项向委托人如实报告。

中介人故意隐瞒与订立合同有关的重要事实或者提供虚假情况，损害委托人利益的，不得请求支付报酬并应当承担赔偿责任。

裁判理由

房地产中介机构作为专门从事特定经纪业务的营利性主体，应当承担与其专业主体要求相符的注意、审核、告知、说明的义务，避免因自身疏漏给委托人造成损失。中介机构在提供服务时，对于涉及委托人和房屋状况的信息，要求委托人提供证明资料，并在法律、法规允许或委托人同意的范围内进行核查，在无权查询时，应要求委托人作出书面承诺。房地产中介机构因未尽必要的注意义务而未能发现一

方提供的相关材料存在重大瑕疵、缺陷，由此使另一方受欺诈遭受损失的，应根据其过错程度在相应的范围内承担赔偿责任。

二、中介人的报酬请求权要件

裁判依据

《中华人民共和国民法典》

第九百六十四条 中介人未促成合同成立的，不得请求支付报酬；但是，可以按照约定请求委托人支付从事中介活动支出的必要费用。

裁判理由

中介人主张在其促成下双方进行磋商并达成了意向，但是中介报酬系以促成合同成立为要件，中介人既未能举证证明双方已经实际签约，也未举证证明双方实际开始履行合同，因此中介人主张支付报酬的诉讼请求不成立。

三、委托人"跳单"纠纷的处理

裁判依据

《中华人民共和国民法典》

第一百一十九条 依法成立的合同，对当事人具有法律约束力。

第五百七十七条 当事人一方不履行合同义务或者履行合同义务不符合约定的，应当承担继续履行、采取补救措施或者赔偿损失等违约责任。

《上海中原物业顾问有限公司诉陶德华居间合同纠纷案》（最高人民法院指导案例 1 号）裁判要点

房屋买卖居间合同中关于禁止买方利用中介公司提供的房源信息却绕开该中介公司与卖方签订房屋买卖合同的约定合法有效。但是，当卖方将同一房屋通过多个中介公司挂牌出售时，买方通过其他公众可以获知的正当途径获得相同房源信息的，买方有权选择报价低、服务好的中介公司促成房屋买卖合同成立，其行为并没有利用先前与之签约中介公司的房源信息，故不构成违约。

裁判理由

本案争议焦点在于委托人是否应当向中介方支付中介费用。中介方已经将涉案房产推荐给案外人，且在中介方陪同下，委托人与案外人就房产交易内容初步达成协议。委托人与案外人私下签订合同，并办理完成过户，在委托人与案外人未能举证证明双方之间交易系经其他中介机构撮合的情况下，应当视为中介方已经完成了合同义务，促成委托方与案外人交易，委托方应当按约支付中介费。

第四节 庭审（调查）提问提纲

要素一：中介主体及法律关系
双方是否签订中介合同书、房地产求购协议书、看房协议书、看房确认书、委托看房书、佣金支付承诺书？
中介人是否报告了订立合同的机会或提供了媒介服务？

续表

要素二：中介人的如实报告义务
订立中介合同前，中介人有无向委托人书面告知下列事项：（1）是否与委托房屋有利害关系；（2）应当由委托人协助的事宜、提供的资料；（3）委托房屋的市场参考价格；（4）房屋交易的一般程序及可能存在的风险；（5）房屋交易涉及的税费；（6）经纪服务的内容及完成标准；（7）经纪服务的收费标准和支付时间；（8）其他需要告知的事项。
要素三：中介人的注意义务
中介人在从事中介业务时是否未能发现一方提供的相关材料存在重大瑕疵、缺陷（如交易主体身份、房屋权属、委托代理、信用资信等证明材料的真实性），导致另一方受欺诈而遭受损失，中介人对此是否存在过错？
要素四：中介人请求支付报酬及委托人的抗辩
中介人是否已促成房地产买卖等合同成立？
中介人是否履行了如实报告义务及注意义务，是否因未履行义务损害了委托人利益？
中介人对于合同被确认无效、被撤销或者解除是否存在过错？
中介人是否减少服务项目？
房地产买卖合同是否因房地产调控政策导致无法实施？
要素五：委托人的违约责任
合同中是否存在禁止买方利用中介人提供的房源信息直接与卖方签订房地产买卖合同，或禁止委托人在一定期限内另行委托他人提供中介服务的条款？
买方是否系通过其他公众可以获知的正当途径获得相同房源信息，新的中介人是否报价更低、服务更好？

第五节　裁判文书模板

××××人民法院
民事判决书

（××××）……民终……号

上诉人（原审诉讼地位）：×××，……。

法定代理人/指定代理人/法定代表人/主要负责人：×××，……。

委托诉讼代理人：×××，……。

被上诉人（原审诉讼地位）：×××，……。

法定代理人/指定代理人/法定代表人/主要负责人：×××，……。

委托诉讼代理人：×××，……。

原审原告/被告/第三人：×××，……。

法定代理人/指定代理人/法定代表人/主要负责人：×××，……。

委托诉讼代理人：×××，……。

（以上写明当事人和其他诉讼参加人的姓名或者名称等基本信息）。

上诉人×××因与被上诉人×××/上诉人×××及原审原告/被告/第三人×××中介合同纠纷一案，不服××××人民法院（××××）……民初……号民事判决，向本院提起上诉。本院于

××××年××月××日立案受理，依法组成合议庭审理了本案。本案现已审理终结。

×××上诉请求：……（写明上诉请求）。事实和理由：……（概述上诉人主张的事实和理由）。

×××辩称，……（概述被上诉人答辩意见）。

×××述称，……（概述原审原告/被告/第三人陈述意见）。

×××向一审法院起诉请求：……（写明原告/反诉原告/有独立请求权的第三人的诉讼请求）。

一审法院认定事实：……（概述一审认定的事实）。一审法院认为，……（概述一审裁判理由）。判决：……（写明一审判决主文）。

（情形一：）本院二审期间，各方当事人没有提交新证据。一审判决查明事实（详见一审判决书）清楚，本院予以确认。

（情形二：）本院二审期间，当事人提交了以下证据，用以证明……。当事人质证认为：……。

本院二审查明：

（要素一：）中介人主张中介合同关系成立的依据（如中介合同书、房地产求购协议书、看房协议书、看房确认书、委托看房书、佣金支付承诺书等）是什么？

（要素二：）中介合同对于佣金及其他服务费用如何约定？

（要素三：）中介人主张其已完成中介合同义务的证据是什么？

（要素四：）委托人主张应当减少中介费用的证据是什么？

（要素五：）委托人主张中介人未能尽到如实报告义务及注意义务导致其受损的证据是什么？

（要素六：）委托人主张中介人对于房地产买卖合同被确认无效、被撤销或者解除存在过错的依据是什么？

（要素七：）中介人认为委托人违约的证据是什么？

本院认为，本案系中介合同纠纷，各方当事人的二审争议焦点为：一、……；二、……；三、……。（根据二审认定的案件事实和相关法律规定，对当事人的上诉请求进行分析评判，说明理由。）

（情形一：）综上所述，上诉人的上诉请求不能成立，应予驳回。一审判决认定事实清楚，适用法律正确，应予维持。依照《中华人民共和国民事诉讼法》第一百七十七条第一款第一项之规定，判决如下：

驳回上诉，维持原判。

二审案件受理费……元，由上诉人×××负担。

本判决为终审判决。

（情形二：）综上所述，上诉人的上诉请求成立，予以支持。依照《中华人民共和国×××法》第×条、《中华人民共和国民事诉讼法》第一百七十七条第一款第×项规定，判决如下：

一、撤销××××人民法院（××××）……民初……号民事判决；

二、……（写明改判内容）。

二审案件受理费……元，由……负担（写明当事人姓名或者名称、负担金额）。

本判决为终审判决。

（情形三：）综上所述，上诉人的上诉请求部分成立。依照《中华人民共和国×××法》第×条、《中华人民共和国民事诉讼法》第一百七十七条第一款第×项规定，判决如下：

一、维持××××人民法院（××××）……民初……号民事判决第×项；

二、撤销××××人民法院（××××）……民初……号民事判决第×项；

三、变更××××人民法院（××××）……民初……号民事判决第×项为……；

四、……（写明新增判项）。

一审案件受理费……元，由……负担（写明当事人姓名或者名称、负担金额）。二审案件受理费……元，由……负担（写明当事人姓名或者名称、负担金额）。

本判决为终审判决。

审　判　长　×××
审　判　员　×××
审　判　员　×××

××××年××月××日
（院印）
书　记　员　×××

第九章
旅游服务合同纠纷案件

第一节　常见请求权基础

一、合同履行请求权

📄《中华人民共和国旅游法》（2018年10月26日修正）

第六十九条　旅行社应当按照包价旅游合同的约定履行义务，不得擅自变更旅游行程安排。

经旅游者同意，旅行社将包价旅游合同中的接待业务委托给其他具有相应资质的地接社履行的，应当与地接社订立书面委托合同，约定双方的权利和义务，向地接社提供与旅游者订立的包价旅游合同的副本，并向地接社支付不低于接待和服务成本的费用。地接社应当按照包价旅游合同和委托合同提供服务。

二、合同解除请求权

📄《中华人民共和国旅游法》

第六十五条　旅游行程结束前，旅游者解除合同的，组团社应当在扣除必要的费用后，将余款退还旅游者。

第六十六条　旅游者有下列情形之一的，旅行社可以解除合同：

（一）患有传染病等疾病，可能危害其他旅游者健康和安全的；

（二）携带危害公共安全的物品且不同意交有关部门处理的；

（三）从事违法或者违反社会公德的活动的；

（四）从事严重影响其他旅游者权益的活动，且不听劝阻、不能制止的；

（五）法律规定的其他情形。

因前款规定情形解除合同的，组团社应当在扣除必要的费用后，将余款退还旅游者；给旅行社造成损失的，旅游者应当依法承担赔偿责任。

三、损害赔偿请求权

📑《中华人民共和国民法典》（2020 年 5 月 28 日公布　2021 年 1 月 1 日施行）

第一千一百六十八条　二人以上共同实施侵权行为，造成他人损害的，应当承担连带责任。

📑《中华人民共和国旅游法》

第七十条　旅行社不履行包价旅游合同义务或者履行合同义务不符合约定的，应当依法承担继续履行、采取补救措施或者赔偿损失等违约责任；造成旅游者人身损害、财产损失的，应当依法承担赔偿责任。旅行社具备履行条件，经旅游者要求仍拒绝履行合同，造成旅游者人身损害、滞留等严重后果的，旅游者还可以要求旅行社支付旅游费用一倍以上三倍以下的赔偿金。

由于旅游者自身原因导致包价旅游合同不能履行或者不能按照

约定履行，或者造成旅游者人身损害、财产损失的，旅行社不承担责任。

在旅游者自行安排活动期间，旅行社未尽到安全提示、救助义务的，应当对旅游者的人身损害、财产损失承担相应责任。

第七十一条 由于地接社、履行辅助人的原因导致违约的，由组团社承担责任；组团社承担责任后可以向地接社、履行辅助人追偿。

由于地接社、履行辅助人的原因造成旅游者人身损害、财产损失的，旅游者可以要求地接社、履行辅助人承担赔偿责任，也可以要求组团社承担赔偿责任；组团社承担责任后可以向地接社、履行辅助人追偿。但是，由于公共交通经营者的原因造成旅游者人身损害、财产损失的，由公共交通经营者依法承担赔偿责任，旅行社应当协助旅游者向公共交通经营者索赔。

《最高人民法院关于审理旅游纠纷案件适用法律若干问题的规定》
（2020年12月29日修正 2021年1月1日施行）

第七条 旅游经营者、旅游辅助服务者未尽到安全保障义务，造成旅游者人身损害、财产损失，旅游者请求旅游经营者、旅游辅助服务者承担责任的，人民法院应予支持。

因第三人的行为造成旅游者人身损害、财产损失，由第三人承担责任；旅游经营者、旅游辅助服务者未尽安全保障义务，旅游者请求其承担相应补充责任的，人民法院应予支持。

第十条 旅游经营者将旅游业务转让给其他旅游经营者，旅游者不同意转让，请求解除旅游合同、追究旅游经营者违约责任的，人民法院应予支持。

旅游经营者擅自将其旅游业务转让给其他旅游经营者，旅游者在旅游过程中遭受损害，请求与其签订旅游合同的旅游经营者和实际提供旅游服务的旅游经营者承担连带责任的，人民法院应予支持。

第十四条 旅游经营者准许他人挂靠其名下从事旅游业务，造成旅游者人身损害、财产损失，旅游者依据民法典第一千一百六十八条的规定请求旅游经营者与挂靠人承担连带责任的，人民法院应予支持。

第二节 基本要素事实

一、合同主体认定

（一）旅游者

关联规范

《最高人民法院关于审理旅游纠纷案件适用法律若干问题的规定》

第二条 以单位、家庭等集体形式与旅游经营者订立旅游合同，在履行过程中发生纠纷，除集体以合同一方当事人名义起诉外，旅游者个人提起旅游合同纠纷诉讼的，人民法院应予受理。

（二）旅游经营者

关联规范

《中华人民共和国旅游法》

第二十八条 设立旅行社，招徕、组织、接待旅游者，为其提供旅游服务，应当具备下列条件，取得旅游主管部门的许可，依法办理工商登记：

（一）有固定的经营场所；

（二）有必要的营业设施；

（三）有符合规定的注册资本；

（四）有必要的经营管理人员和导游；

（五）法律、行政法规规定的其他条件。

第一百一十一条 本法下列用语的含义：

（一）旅游经营者，是指旅行社、景区以及为旅游者提供交通、住宿、餐饮、购物、娱乐等服务的经营者。

（二）景区，是指为旅游者提供游览服务、有明确的管理界限的场所或者区域。

（三）包价旅游合同，是指旅行社预先安排行程，提供或者通过履行辅助人提供交通、住宿、餐饮、游览、导游或者领队等两项以上旅游服务，旅游者以总价支付旅游费用的合同。

（四）组团社，是指与旅游者订立包价旅游合同的旅行社。

（五）地接社，是指接受组团社委托，在目的地接待旅游者的旅行社。

（六）履行辅助人，是指与旅行社存在合同关系，协助其履行包价旅游合同义务，实际提供相关服务的法人或者自然人。

（三）挂靠人

关联规范

《最高人民法院关于审理旅游纠纷案件适用法律若干问题的规定》

第十四条 旅游经营者准许他人挂靠其名下从事旅游业务，造成旅游者人身损害、财产损失，旅游者依据民法典第一千一百六十八条的规定请求旅游经营者与挂靠人承担连带责任的，人民法院应予支持。

二、合同效力

（一）无权代理人签订的旅游合同的效力

关联规范

📎《中华人民共和国民法典》

第五百零三条　无权代理人以被代理人的名义订立合同，被代理人已经开始履行合同义务或者接受相对人履行的，视为对合同的追认。

（二）格式条款的效力

关联规范

📎《中华人民共和国民法典》

第四百九十七条　有下列情形之一的，该格式条款无效：

（一）具有本法第一编第六章第三节和本法第五百零六条规定的无效情形；

（二）提供格式条款一方不合理地免除或者减轻其责任、加重对方责任、限制对方主要权利；

（三）提供格式条款一方排除对方主要权利。

📎《最高人民法院关于审理旅游纠纷案件适用法律若干问题的规定》

第六条　旅游经营者以格式条款、通知、声明、店堂告示等方式作出排除或者限制旅游者权利、减轻或者免除旅游经营者责任、加重旅游者责任等对旅游者不公平、不合理的规定，旅游者依据消费者权益保护法第二十六条的规定请求认定该内容无效的，人民法院应予支持。

三、合同履行

(一)旅游者转让合同权利义务

关联规范

《中华人民共和国旅游法》

第六十四条 旅游行程开始前,旅游者可以将包价旅游合同中自身的权利义务转让给第三人,旅行社没有正当理由的不得拒绝,因此增加的费用由旅游者和第三人承担。

《最高人民法院关于审理旅游纠纷案件适用法律若干问题的规定》

第十一条 除合同性质不宜转让或者合同另有约定之外,在旅游行程开始前的合理期间内,旅游者将其在旅游合同中的权利义务转让给第三人,请求确认转让合同效力的,人民法院应予支持。

因前款所述原因,旅游经营者请求旅游者、第三人给付增加的费用或者旅游者请求旅游经营者退还减少的费用的,人民法院应予支持。

(二)旅游经营者转团的认定及法律后果

关联规范

《最高人民法院关于审理旅游纠纷案件适用法律若干问题的规定》

第十条 旅游经营者将旅游业务转让给其他旅游经营者,旅游者不同意转让,请求解除旅游合同、追究旅游经营者违约责任的,人民法院应予支持。

旅游经营者擅自将其旅游业务转让给其他旅游经营者,旅游者在旅游过程中遭受损害，请求与其签订旅游合同的旅游经营者和实际提供旅游服务的旅游经营者承担连带责任的，人民法院应予支持。

（三）旅游经营者的安全保障义务

关联规范

《中华人民共和国旅游法》

第五十条 旅游经营者应当保证其提供的商品和服务符合保障人身、财产安全的要求。

旅游经营者取得相关质量标准等级的，其设施和服务不得低于相应标准；未取得质量标准等级的，不得使用相关质量等级的称谓和标识。

四、法律责任

（一）旅行社的责任

关联规范

《中华人民共和国旅游法》

第五十条 旅游经营者应当保证其提供的商品和服务符合保障人身、财产安全的要求。

旅游经营者取得相关质量标准等级的，其设施和服务不得低于相应标准；未取得质量标准等级的，不得使用相关质量等级的称谓和标识。

（二）履行辅助人的责任

关联规范

《中华人民共和国旅游法》

第七十一条 由于地接社、履行辅助人的原因导致违约的，由组团社承担责任；组团社承担责任后可以向地接社、履行辅助人追偿。

由于地接社、履行辅助人的原因造成旅游者人身损害、财产损失的，旅游者可以要求地接社、履行辅助人承担赔偿责任，也可以要求组团社承担赔偿责任；组团社承担责任后可以向地接社、履行辅助人追偿。但是，由于公共交通经营者的原因造成旅游者人身损害、财产损失的，由公共交通经营者依法承担赔偿责任，旅行社应当协助旅游者向公共交通经营者索赔。

（三）惩罚性赔偿

关联规范

《中华人民共和国旅游法》

第七十条 旅行社不履行包价旅游合同义务或者履行合同义务不符合约定的，应当依法承担继续履行、采取补救措施或者赔偿损失等违约责任；造成旅游者人身损害、财产损失的，应当依法承担赔偿责任。旅行社具备履行条件，经旅游者要求仍拒绝履行合同，造成旅游者人身损害、滞留等严重后果的，旅游者还可以要求旅行社支付旅游费用一倍以上三倍以下的赔偿金。

由于旅游者自身原因导致包价旅游合同不能履行或者不能按照约定履行，或者造成旅游者人身损害、财产损失的，旅行社不承担责任。

在旅游者自行安排活动期间，旅行社未尽到安全提示、救助义务的，应当对旅游者的人身损害、财产损失承担相应责任。

（四）连带责任的认定

关联规范

《最高人民法院关于审理旅游纠纷案件适用法律若干问题的规定》

第十条　旅游经营者将旅游业务转让给其他旅游经营者，旅游者不同意转让，请求解除旅游合同、追究旅游经营者违约责任的，人民法院应予支持。

旅游经营者擅自将其旅游业务转让给其他旅游经营者，旅游者在旅游过程中遭受损害，请求与其签订旅游合同的旅游经营者和实际提供旅游服务的旅游经营者承担连带责任的，人民法院应予支持。

（五）免责事由

关联规范

《中华人民共和国旅游法》

第六十七条　因不可抗力或者旅行社、履行辅助人已尽合理注意义务仍不能避免的事件，影响旅游行程的，按照下列情形处理：

（一）合同不能继续履行的，旅行社和旅游者均可以解除合同。合同不能完全履行的，旅行社经向旅游者作出说明，可以在合理范围内变更合同；旅游者不同意变更的，可以解除合同。

（二）合同解除的，组团社应当在扣除已向地接社或者履行辅助人支付且不可退还的费用后，将余款退还旅游者；合同变更的，因此增加的费用由旅游者承担，减少的费用退还旅游者。

（三）危及旅游者人身、财产安全的，旅行社应当采取相应的安全措施，因此支出的费用，由旅行社与旅游者分担。

（四）造成旅游者滞留的，旅行社应当采取相应的安置措施。因此增加的食宿费用，由旅游者承担；增加的返程费用，由旅行社与旅游者分担。

第三节　主要争点问题说理

一、旅游经营者的告知义务

裁判依据

《中华人民共和国旅游法》

第六十二条　订立包价旅游合同时，旅行社应当向旅游者告知下列事项：

（一）旅游者不适合参加旅游活动的情形；

（二）旅游活动中的安全注意事项；

（三）旅行社依法可以减免责任的信息；

（四）旅游者应当注意的旅游目的地相关法律、法规和风俗习惯、宗教禁忌，依照中国法律不宜参加的活动等；

（五）法律、法规规定的其他应当告知的事项。

在包价旅游合同履行中，遇有前款规定事项的，旅行社也应当告知旅游者。

裁判理由

旅游活动中，旅游者与旅游经营者、旅游辅助服务者之间相互的信息并不对称。旅游经营者一般具有优势地位，因此，在旅游合同对重要事项约定不明或影响旅游者选择权的情形下，旅游经营者应当尽到必要、合理的提示或者告知义务。本院认为，旅游者已提供票据证明自己的财产损失，并初步证明该损失是由经营者不履行提示、告知、审核的附随义务而产生。旅游经营者虽认为其不具有提示、说明或者审核的义务，但并未提交充分有效证据予以证明，其应承担举证不能的法律后果。

二、未经旅游者同意擅自转让旅游业务，旅行社和实际提供旅游服务的旅行社应承担连带责任

裁判依据

《最高人民法院关于审理旅游纠纷案件适用法律若干问题的规定》

第十条　旅游经营者将旅游业务转让给其他旅游经营者，旅游者不同意转让，请求解除旅游合同、追究旅游经营者违约责任的，人民法院应予支持。

旅游经营者擅自将其旅游业务转让给其他旅游经营者，旅游者在旅游过程中遭受损害，请求与其签订旅游合同的旅游经营者和实际提供旅游服务的旅游经营者承担连带责任的，人民法院应予支持。

裁判理由

本院认为，A旅游公司以自己的名义收取原告等人旅游费用，承接该项旅游业务，与原告等人之间形成旅游合同关系。但实际履行该旅游合同、提供旅游服务的却是B旅游公司。原告等人在旅游过程中遭受损害，A旅游公司未能提供证据证明其转让该项旅游业务经过原告等人的同意。因此，原告关于A、B两旅游公司应对原告等人的涉案损失承担连带责任的请求，本院予以支持。

三、格式条款效力的认定

裁判依据

《中华人民共和国民法典》

第四百九十七条　有下列情形之一的，该格式条款无效：

（一）具有本法第一编第六章第三节和本法第五百零六条规定的无效情形；

（二）提供格式条款一方不合理地免除或者减轻其责任、加重对方责任、限制对方主要权利；

（三）提供格式条款一方排除对方主要权利。

《中华人民共和国消费者权益保护法》（2013年10月25日修正 2014年3月15日施行）

第二十六条　经营者在经营活动中使用格式条款的，应当以显著方式提请消费者注意商品或者服务的数量和质量、价款或者费用、履行期限和方式、安全注意事项和风险警示、售后服务、民事责任等与消费者有重大利害关系的内容，并按照消费者的要求予以说明。

经营者不得以格式条款、通知、声明、店堂告示等方式，作出排除或者限制消费者权利、减轻或者免除经营者责任、加重消费者责任等对消费者不公平、不合理的规定，不得利用格式条款并借助技术手段强制交易。

格式条款、通知、声明、店堂告示等含有前款所列内容的，其内容无效。

《最高人民法院关于审理旅游纠纷案件适用法律若干问题的规定》

第六条　旅游经营者以格式条款、通知、声明、店堂告示等方式作出排除或者限制旅游者权利、减轻或者免除旅游经营者责任、加重旅游者责任等对旅游者不公平、不合理的规定，旅游者依据消费者权益保护法第二十六条的规定请求认定该内容无效的，人民法院应予支持。

裁判理由

本院认为，旅游经营者提供的《旅游合同》中的相关约定显然对旅游者既不公平又不合理，限制了旅游者的权利，减轻了旅游经营者的责任，且旅游经营者未对上述条款作出明确的说明用于提醒旅游者注意；同时《旅游合同》就相同情形下旅游经营者和旅游者的违约责任约定亦不对等，故上述条款显属格式条款，应当作出对经营者不利的解释，该条款对旅游者没有约束力。

四、旅游者在其居住地签订旅游合同，地接社实际完成旅游服务，出现旅游纠纷后如何确定责任主体

裁判依据

《最高人民法院关于审理旅游纠纷案件适用法律若干问题的规定》

第十三条　签订旅游合同的旅游经营者将其部分旅游业务委托旅游目的地的旅游经营者，因受托方未尽旅游合同义务，旅游者在旅游过程中受到损害，要求作出委托的旅游经营者承担赔偿责任的，人民法院应予支持。

旅游经营者委托除前款规定以外的人从事旅游业务，发生旅游纠纷，旅游者起诉旅游经营者的，人民法院应予受理。

裁判理由

本院认为，签订旅游合同的旅游经营者将部分旅游业务委托给目

的地旅游经营者，接受委托的旅游经营者违约，旅游者在旅游过程中发生人身损害或财产损失，签订旅游合同的旅游经营者应当对被委托的目的地旅游经营者的旅游业务完成情况向旅游者负责，旅游者有权向与其签约的旅游经营者主张赔偿责任。在签订旅游合同的旅游经营者赔偿后，其可以向接受委托的旅游经营者追偿。

第四节　庭审（调查）提问提纲

要素一：合同主体及法律关系认定
旅游者是否与旅游经营者签订了旅游合同？
旅游经营者是否按约定提供了旅游服务？
旅游经营者是否具有相关资质、办理了工商登记？提供境外旅游服务的，是否具有工商行政部门核发的"出境旅游业务"经营范围的营业执照？
是否存在挂靠经营情形？
要素二：合同效力
是否存在无权代理签订旅游合同的情形？
旅游合同中有无格式条款？
要素三：合同履行
是否存在旅游者转让合同权利义务的情形？
是否存在旅游经营者转团的情形，接受的旅游经营者是否具有相应资质，是否经过旅游者的同意？
旅游经营者有无履行安全保障义务，且与损害的发生有无因果关系？
要素四：法律责任
旅游经营者安全保障义务的范围以及是否全面履行了安全保障义务，旅游者主张的责任主体是谁？
履行辅助人是否尽到了安全保障义务？
旅游者主张的是违约责任还是侵权责任？
旅游经营者是否存在欺诈，旅游者是否可以要求惩罚性赔偿？

第五节　裁判文书模板

××××人民法院
民事判决书

（××××）……民终……号

上诉人（原审诉讼地位）：×××，……。

法定代理人/指定代理人/法定代表人/主要负责人：×××，……。

委托诉讼代理人：×××，……。

被上诉人（原审诉讼地位）：×××，……。

法定代理人/指定代理人/法定代表人/主要负责人：×××，……。

委托诉讼代理人：×××，……。

原审原告/被告/第三人：×××，……。

法定代理人/指定代理人/法定代表人/主要负责人：×××，……。

委托诉讼代理人：×××，……。

（以上写明当事人和其他诉讼参加人的姓名或者名称等基本信息）。

上诉人×××因与被上诉人×××/上诉人×××及原审原告/被告/第三人×××旅游服务合同纠纷一案，不服××××人民法院（××××）……民初……号民事判决，向本院提起上诉。本院于

××××年××月××日立案受理，依法组成合议庭审理了本案。本案现已审理终结。

×××上诉请求：……（写明上诉请求）。事实和理由：……（概述上诉人主张的事实和理由）。

×××辩称，……（概述被上诉人答辩意见）。

×××述称，……（概述原审原告/被告/第三人陈述意见）。

×××向一审法院起诉请求：……（写明原告/反诉原告/有独立请求权的第三人的诉讼请求）。

一审法院认定事实：……（概述一审认定的事实）。一审法院认为，……（概述一审裁判理由）。判决：……（写明一审判决主文）。

（情形一：） 本院二审期间，各方当事人没有提交新证据。一审判决查明事实（详见一审判决书）清楚，本院予以确认。

（情形二：） 本院二审期间，当事人提交了以下证据，用以证明……。当事人质证认为：……。

本院二审查明：

（要素一：）旅游者是否与旅游经营者签订了旅游合同？

（要素二：）旅游经营者是否按约定提供了旅游服务？

（要素三：）旅游经营者是否具有相关资质、办理了工商登记，提供境外旅游服务的，是否具有工商行政部门核发的"出境旅游业务"经营范围的营业执照？

（要素四：）是否存在挂靠经营情形？

（要素五：）是否存在无权代理签订旅游合同的情形？

（要素六：）旅游合同中有无格式条款？

（要素七：）是否存在旅游者转让合同权利义务的情形？

（要素八：）是否存在旅游经营者转团的情形，接受的旅游经营者是否具有相应资质，是否经过旅游者的同意？

（要素九：）旅游经营者有无履行安全保障义务，且与损害的发生有无因果关系？

（要素十：）旅游经营者安全保障义务的范围以及是否全面履行了安全保障义务，旅游者主张的责任主体是谁？

（要素十一：）履行辅助人是否尽到了安全保障义务？

（要素十二：）旅游者主张的是违约责任还是侵权责任？

（要素十三：）旅游经营者是否存在欺诈，旅游者是否可以要求惩罚性赔偿？

本院认为，本案系旅游服务合同纠纷，各方当事人的二审争议焦点为：一、……；二、……；三、……。（根据二审认定的案件事实和相关法律规定，对当事人的上诉请求进行分析评判，说明理由。）

（情形一：）综上所述，上诉人的上诉请求不能成立，应予驳回。一审判决认定事实清楚，适用法律正确，应予维持。依照《中华人民共和国民事诉讼法》第一百七十七条第一款第一项之规定，判决如下：

驳回上诉，维持原判。

二审案件受理费……元，由上诉人×××负担。

本判决为终审判决。

（情形二：）综上所述，上诉人的上诉请求成立，予以支持。依照《中华人民共和国×××法》第×条、《中华人民共和国民事诉讼法》第一百七十七条第一款第×项规定，判决如下：

一、撤销××××人民法院（××××）……民初……号民事判决；

二、……（写明改判内容）。

二审案件受理费……元，由……负担（写明当事人姓名或者名称、负担金额）。

本判决为终审判决。

（情形三：）综上所述，上诉人的上诉请求部分成立。依照《中华人民共和国×××法》第×条、《中华人民共和国民事诉讼法》第一百七十七条第一款第×项规定，判决如下：

一、维持××××人民法院（××××）……初……号民事判决第×项；

二、撤销××××人民法院（××××）……民初……号民事判决第×项；

三、变更××××人民法院（××××）……民初……号民事判决第×项为……；

四、……（写明新增判项）。

一审案件受理费……元，由……负担（写明当事人姓名或者名称、负担金额）。二审案件受理费……元，由……负担（写明当事人姓名或者名称、负担金额）。

本判决为终审判决。

审　判　长　×××
审　判　员　×××
审　判　员　×××

××××年××月××日
（院印）
书　记　员　×××

第十章
网络服务合同纠纷案件

第一节　常见请求权基础

一、服务费支付请求权

📄《中华人民共和国民法典》（2020 年 5 月 28 日公布　2021 年 1 月 1 日施行）

第六百二十六条　买受人应当按照约定的数额和支付方式支付价款。对价款的数额和支付方式没有约定或者约定不明确的，适用本法第五百一十条、第五百一十一条第二项和第五项的规定。

第六百四十六条　法律对其他有偿合同有规定的，依照其规定；没有规定的，参照适用买卖合同的有关规定。

二、违约责任请求权

📄《中华人民共和国电子商务法》（2018 年 8 月 31 日公布　2019 年 1 月 1 日施行）

第七十四条　电子商务经营者销售商品或者提供服务，不履行合同义务或者履行合同义务不符合约定，或者造成他人损害的，依法承担民事责任。

三、侵权责任请求权

📄 《中华人民共和国消费者权益保护法》（2013 年 10 月 25 日修正 2014 年 3 月 15 日施行）

第十八条 经营者应当保证其提供的商品或者服务符合保障人身、财产安全的要求。对可能危及人身、财产安全的商品和服务，应当向消费者作出真实的说明和明确的警示，并说明和标明正确使用商品或者接受服务的方法以及防止危害发生的方法。

宾馆、商场、餐馆、银行、机场、车站、港口、影剧院等经营场所的经营者，应当对消费者尽到安全保障义务。

第十九条 经营者发现其提供的商品或者服务存在缺陷，有危及人身、财产安全危险的，应当立即向有关行政部门报告和告知消费者，并采取停止销售、警示、召回、无害化处理、销毁、停止生产或者服务等措施。采取召回措施的，经营者应当承担消费者因商品被召回支出的必要费用。

四、对网络交易平台的赔偿请求权

📄 《中华人民共和国消费者权益保护法》

第四十四条 消费者通过网络交易平台购买商品或者接受服务，其合法权益受到损害的，可以向销售者或者服务者要求赔偿。网络交易平台提供者不能提供销售者或者服务者的真实名称、地址和有效联系方式的，消费者也可以向网络交易平台提供者要求赔偿；网络交易平台提供者作出更有利于消费者的承诺的，应当履行承诺。网络交易平台提供者赔偿后，有权向销售者或者服务者追偿。

网络交易平台提供者明知或者应知销售者或者服务者利用其平台侵害消费者合法权益，未采取必要措施的，依法与该销售者或者服务者承担连带责任。

五、对广告经营者、发布者的赔偿请求权

《中华人民共和国消费者权益保护法》

第四十五条 消费者因经营者利用虚假广告或者其他虚假宣传方式提供商品或者服务，其合法权益受到损害的，可以向经营者要求赔偿。广告经营者、发布者发布虚假广告的，消费者可以请求行政主管部门予以惩处。广告经营者、发布者不能提供经营者的真实名称、地址和有效联系方式的，应当承担赔偿责任。

广告经营者、发布者设计、制作、发布关系消费者生命健康商品或者服务的虚假广告，造成消费者损害的，应当与提供该商品或者服务的经营者承担连带责任。

社会团体或者其他组织、个人在关系消费者生命健康商品或者服务的虚假广告或者其他虚假宣传中向消费者推荐商品或者服务，造成消费者损害的，应当与提供该商品或者服务的经营者承担连带责任。

六、惩罚性赔偿请求权

《中华人民共和国消费者权益保护法》

第五十五条 经营者提供商品或者服务有欺诈行为的，应当按照

消费者的要求增加赔偿其受到的损失，增加赔偿的金额为消费者购买商品的价款或者接受服务的费用的三倍；增加赔偿的金额不足五百元的，为五百元。法律另有规定的，依照其规定。

经营者明知商品或者服务存在缺陷，仍然向消费者提供，造成消费者或者其他受害人死亡或者健康严重损害的，受害人有权要求经营者依照本法第四十九条、第五十一条等法律规定赔偿损失，并有权要求所受损失二倍以下的惩罚性赔偿。

七、竞合的请求权

《中华人民共和国民法典》

第一百八十六条　因当事人一方的违约行为，损害对方人身权益、财产权益的，受损害方有权选择请求其承担违约责任或者侵权责任。

第二节　基本要素事实

一、网络服务合同纠纷的管辖

关联规范

《最高人民法院关于适用〈中华人民共和国民事诉讼法〉的解释》（2022年4月1日修正　2022年4月10日施行）

第二十条　以信息网络方式订立的买卖合同，通过信息网络交付标的的，以买受人住所地为合同履行地；通过其他方式交付标的的，收货地为合同履行地。合同对履行地有约定的，从其约定。

第二十五条　信息网络侵权行为实施地包括实施被诉侵权行为的计算机等信息设备所在地，侵权结果发生地包括被侵权人住所地。

二、网络服务合同的成立时间

关联规范

📖《中华人民共和国民法典》

第四百九十一条第二款　当事人一方通过互联网等信息网络发布的商品或者服务信息符合要约条件的，对方选择该商品或者服务并提交订单成功时合同成立，但是当事人另有约定的除外。

📖《中华人民共和国电子商务法》

第四十九条　电子商务经营者发布的商品或者服务信息符合要约条件的，用户选择该商品或者服务并提交订单成功，合同成立。当事人另有约定的，从其约定。

电子商务经营者不得以格式条款等方式约定消费者支付价款后合同不成立；格式条款等含有该内容的，其内容无效。

三、网络服务合同标的交付时间

关联规范

📖《中华人民共和国民法典》

第五百一十二条　通过互联网等信息网络订立的电子合同的标的为交付商品并采用快递物流方式交付的，收货人的签收时间为交付时间。电子合同的标的为提供服务的，生成的电子凭证或者实物凭证中载明的时间为提供服务时间；前述凭证没有载明时间或者载明时间与实际提供服务时间不一致的，以实际提供服务的时间为准。

电子合同的标的物为采用在线传输方式交付的，合同标的物进入对方当事人指定的特定系统且能够检索识别的时间为交付时间。

电子合同当事人对交付商品或者提供服务的方式、时间另有约定的，按照其约定。

 《中华人民共和国电子商务法》

第五十一条 合同标的为交付商品并采用快递物流方式交付的，收货人签收时间为交付时间。合同标的为提供服务的，生成的电子凭证或者实物凭证中载明的时间为交付时间；前述凭证没有载明时间或者载明时间与实际提供服务时间不一致的，实际提供服务的时间为交付时间。

合同标的为采用在线传输方式交付的，合同标的进入对方当事人指定的特定系统并且能够检索识别的时间为交付时间。

合同当事人对交付方式、交付时间另有约定的，从其约定。

四、举证责任

关联规范

 《中华人民共和国电子商务法》

第六十二条 在电子商务争议处理中，电子商务经营者应当提供原始合同和交易记录。因电子商务经营者丢失、伪造、篡改、销毁、隐匿或者拒绝提供前述资料，致使人民法院、仲裁机构或者有关机关无法查明事实的，电子商务经营者应当承担相应的法律责任。

📄《**互联网信息服务管理办法**》(2011年1月8日修订)

第十四条 从事新闻、出版以及电子公告等服务项目的互联网信息服务提供者,应当记录提供的信息内容及其发布时间、互联网地址或者域名;互联网接入服务提供者应当记录上网用户的上网时间、用户账号、互联网地址或者域名、主叫电话号码等信息。

互联网信息服务提供者和互联网接入服务提供者的记录备份应当保存60日,并在国家有关机关依法查询时,予以提供。

第三节 主要争点问题说理

一、网络交易平台提供者是否应承担连带责任

裁判依据

📄《**中华人民共和国消费者权益保护法**》

第四十四条 消费者通过网络交易平台购买商品或者接受服务,其合法权益受到损害的,可以向销售者或者服务者要求赔偿。网络交易平台提供者不能提供销售者或者服务者的真实名称、地址和有效联系方式的,消费者也可以向网络交易平台提供者要求赔偿;网络交易平台提供者作出更有利于消费者的承诺的,应当履行承诺。网络交易平台提供者赔偿后,有权向销售者或者服务者追偿。

网络交易平台提供者明知或者应知销售者或者服务者利用其平台侵害消费者合法权益,未采取必要措施的,依法与该销售者或者服务者承担连带责任。

裁判理由

本案中，根据现有证据显示，网络交易平台提供者已经尽到了《中华人民共和国消费者权益保护法》第四十四条第一款规定的"提供销售者或者服务者的真实名称、地址和有效联系方式"之义务，不存在"明知或者应知销售者或者服务者利用其平台侵害消费者合法权益"的情形，并在消费者向平台投诉后及时采取必要措施。消费者要求网络交易平台提供者承担连带责任，于法无据，不予支持。

二、虚假广告或者其他虚假宣传的责任

裁判依据

《中华人民共和国消费者权益保护法》

第四十五条 消费者因经营者利用虚假广告或者其他虚假宣传方式提供商品或者服务，其合法权益受到损害的，可以向经营者要求赔偿。广告经营者、发布者发布虚假广告的，消费者可以请求行政主管部门予以惩处。广告经营者、发布者不能提供经营者的真实名称、地址和有效联系方式的，应当承担赔偿责任。

广告经营者、发布者设计、制作、发布关系消费者生命健康商品或者服务的虚假广告，造成消费者损害的，应当与提供该商品或者服务的经营者承担连带责任。

社会团体或者其他组织、个人在关系消费者生命健康商品或者服务的虚假广告或者其他虚假宣传中向消费者推荐商品或者服务，造成消费者损害的，应当与提供该商品或者服务的经营者承担连带责任。

裁判理由

涉案网络广告中的商品关系人的生命健康，且现有证据表明该消

费者因该虚假广告的误导购买了相应的商品而遭受了实质性的损害。被告系虚假广告的经营者,原告依法有权要求其与提供该商品的经营者对涉案损害后果承担连带赔偿责任。

三、电子商务平台《用户服务协议》格式条款效力

裁判依据

《中华人民共和国民法典》

第四百六十九条 当事人订立合同,可以采用书面形式、口头形式或者其他形式。

书面形式是合同书、信件、电报、电传、传真等可以有形地表现所载内容的形式。

以电子数据交换、电子邮件等方式能够有形地表现所载内容,并可以随时调取查用的数据电文,视为书面形式。

第四百九十六条 格式条款是当事人为了重复使用而预先拟定,并在订立合同时未与对方协商的条款。

采用格式条款订立合同的,提供格式条款的一方应当遵循公平原则确定当事人之间的权利和义务,并采取合理的方式提示对方注意免除或者减轻其责任等与对方有重大利害关系的条款,按照对方的要求,对该条款予以说明。提供格式条款的一方未履行提示或者说明义务,致使对方没有注意或者理解与其有重大利害关系的条款的,对方可以主张该条款不成为合同的内容。

第四百九十七条 有下列情形之一的,该格式条款无效:

(一)具有本法第一编第六章第三节和本法第五百零六条规定的无效情形;

（二）提供格式条款一方不合理地免除或者减轻其责任、加重对方责任、限制对方主要权利；

（三）提供格式条款一方排除对方主要权利。

裁判理由

情形一：本案中，涉案电子商务平台《用户服务协议》系网络交易平台提供者事先拟定好的格式合同，现有证据不足以证实网络交易平台提供者在用户注册过程中已尽到采取合理的方式提示对方注意免除或者减轻其责任等与对方有重大利害关系的条款的义务，因此该用户以其未注意和理解重大利害关系条款为由，主张该条款不成为合同内容，于法有据，予以支持。

情形二：本案中，涉案电子商务平台《用户服务协议》的条款未经双方协商确定，且其中的相关格式条款不合理地免除或减轻网络交易平台提供者责任，属于《中华人民共和国民法典》第四百九十七条规定的无效情形。因此，该用户请求确认该格式条款无效，符合法律规定，予以支持。

第四节　庭审（调查）提问提纲

要素一：网络交易平台提供者与网络服务提供者身份的确定
网络交易平台提供者与服务提供者之间是什么关系？
原告/被告参与了哪些合同履行行为？
要素二：格式条款的效力
提供格式条款的一方是否已履行提示或说明义务？
对方是否已注意或理解与其有重大利害关系的条款？

续表

要素三：网络服务合同的履行
网络服务是否已按照协议约定履行？
是否存在虚假广告或虚假宣传的情况？
要素四：责任承担主体及方式的确定
服务是否存在关乎消费者生命健康并已造成消费者损害的后果？
是否存在经营者以外的社会团体或者其他组织、个人的推荐行为？
网络交易平台提供者是否已提供销售者或者服务者的真实名称、地址和有效联系方式？
网络交易平台提供者是否作出过更有利于消费者的承诺？
网络交易平台提供者是否明知或者应知服务者利用其平台侵害消费者合法权益？知悉后是否已采取必要措施？

第五节　裁判文书模板

××××人民法院
民事判决书

（××××）……民终……号

上诉人（原审诉讼地位）：×××，……。

法定代理人/指定代理人/法定代表人/主要负责人：×××，……。

委托诉讼代理人：×××，……。

被上诉人（原审诉讼地位）：×××，……。

法定代理人/指定代理人/法定代表人/主要负责人：×××，……。

委托诉讼代理人：×××，……。

原审原告／被告／第三人：×××，……。

法定代理人／指定代理人／法定代表人／主要负责人：×××，……。

委托诉讼代理人：×××，……。

（以上写明当事人和其他诉讼参加人的姓名或者名称等基本信息）。

上诉人×××因与被上诉人×××／上诉人×××及原审原告／被告／第三人×××网络服务合同纠纷一案，不服××××人民法院（××××）……民初……号民事判决，向本院提起上诉。本院于××××年××月××日立案受理，依法组成合议庭审理了本案。本案现已审理终结。

×××上诉请求：……（写明上诉请求）。事实和理由：……（概述上诉人主张的事实和理由）。

×××辩称，……（概述被上诉人答辩意见）。

×××述称，……（概述原审原告／被告／第三人陈述意见）。

×××向一审法院起诉请求：……（写明原告／反诉原告／有独立请求权的第三人的诉讼请求）。

一审法院认定事实：……（概述一审认定的事实）。一审法院认为，……（概述一审裁判理由）。判决：……（写明一审判决主文）。

（情形一：）本院二审期间，各方当事人没有提交新证据。一审判决查明事实（详见一审判决书）清楚，本院予以确认。

（情形二：）本院二审期间，当事人提交了以下证据，用以证明……。当事人质证认为：……。

本院二审查明：

（要素一：）网络交易平台提供者与服务提供者之间是什么关系？

（要素二：）原告／被告参与了哪些合同履行行为？

（要素三：）提供格式条款的一方是否已履行提示或说明义务？

（要素四：）对方是否已注意或理解与其有重大利害关系的条款？

（要素五：）网络服务是否已按照协议约定履行？

（要素六：）是否存在虚假广告或虚假宣传的情况？

（要素七：）服务是否存在关乎消费者生命健康并已造成消费者损害的后果？

（要素八：）是否存在经营者以外的社会团体或者其他组织、个人的推荐行为？

（要素九：）网络交易平台提供者是否已提供销售者或者服务者的真实名称、地址和有效联系方式？

（要素十：）网络交易平台提供者是否作出过更有利于消费者的承诺？

（要素十一：）网络交易平台提供者是否明知或者应知服务者利用其平台侵害消费者合法权益？知悉后是否已采取必要措施？

本院认为，本案系网络服务合同纠纷，各方当事人的二审争议焦点为：一、……；二、……；三、……。（根据二审认定的案件事实和相关法律规定，对当事人的上诉请求进行分析评判，说明理由。）

（情形一：）综上所述，上诉人的上诉请求不能成立，应予驳回。一审判决认定事实清楚，适用法律正确，应予维持。依照《中华人民共和国民事诉讼法》第一百七十七条第一款第一项之规定，判决如下：

驳回上诉，维持原判。

二审案件受理费……元，由上诉人×××负担。

本判决为终审判决。

（**情形二：**）综上所述，上诉人的上诉请求成立，予以支持。依照《中华人民共和国×××法》第×条、《中华人民共和国民事诉讼法》第一百七十七条第一款第×项规定，判决如下：

一、撤销××××人民法院（××××）……民初……号民事判决；

二、……（写明改判内容）。

二审案件受理费……元，由……负担（写明当事人姓名或者名称、负担金额）。

本判决为终审判决。

（**情形三：**）综上所述，上诉人的上诉请求部分成立。依照《中华人民共和国×××法》第×条、《中华人民共和国民事诉讼法》第一百七十七条第一款第×项规定，判决如下：

一、维持××××人民法院（××××）……民初……号民事判决第×项；

二、撤销××××人民法院（××××）……民初……号民事判决第×项；

三、变更××××人民法院（××××）……民初……号民事判决第×项为……；

四、……（写明新增判项）。

一审案件受理费……元，由……负担（写明当事人姓名或者名称、负担金额）。二审案件受理费……元，由……负担（写明当事人姓名或者名称、负担金额）。

本判决为终审判决。

审 判 长 ××××
审 判 员 ××××
审 判 员 ××××

××××年××月××日
（院印）
书 记 员 ××××

第十一章
追索劳动报酬纠纷案件

第一节 常见请求权基础

一、工资请求权

📄《中华人民共和国劳动法》(2018年12月29日修正)

第五十条 工资应当以货币形式按月支付给劳动者本人。不得克扣或者无故拖欠劳动者的工资。

📄《中华人民共和国劳动合同法》(2012年12月28日修正 2013年7月1日施行)

第三十条 用人单位应当按照劳动合同约定和国家规定,向劳动者及时足额支付劳动报酬。

用人单位拖欠或者未足额支付劳动报酬的,劳动者可以依法向当地人民法院申请支付令,人民法院应当依法发出支付令。

二、加班工资请求权

📄《中华人民共和国劳动法》

第四十四条 有下列情形之一的,用人单位应当按照下列标准支付高于劳动者正常工作时间工资的工资报酬：

（一）安排劳动者延长工作时间的，支付不低于工资的百分之一百五十的工资报酬；

（二）休息日安排劳动者工作又不能安排补休的，支付不低于工资的百分之二百的工资报酬；

（三）法定休假日安排劳动者工作的，支付不低于工资的百分之三百的工资报酬。

三、劳动合同无效后劳动报酬请求权

《中华人民共和国劳动合同法》

第二十八条 劳动合同被确认无效，劳动者已付出劳动的，用人单位应当向劳动者支付劳动报酬。劳动报酬的数额，参照本单位相同或者相近岗位劳动者的劳动报酬确定。

四、病假工资请求权

《深圳市员工工资支付条例》（2019年8月22日修正）

第二十三条 员工患病或者非因工负伤停止工作进行医疗，在国家规定的医疗期内的，用人单位应当按照不低于本人正常工作时间工资的百分之六十支付员工病伤假期工资，但是不得低于最低工资的百分之八十。

五、未休年休假的工资请求权

📖《职工带薪年休假条例》（2007年12月14日公布 2008年1月1日施行）

第五条 单位根据生产、工作的具体情况，并考虑职工本人意愿，统筹安排职工年休假。

年休假在1个年度内可以集中安排，也可以分段安排，一般不跨年度安排。单位因生产、工作特点确有必要跨年度安排职工年休假的，可以跨1个年度安排。

单位确因工作需要不能安排职工休年休假的，经职工本人同意，可以不安排职工休年休假。对职工应休未休的年休假天数，单位应当按照该职工日工资收入的300%支付年休假工资报酬。

📖《企业职工带薪年休假实施办法》（2008年9月18日公布）

第三条 职工连续工作满12个月以上的，享受带薪年休假（以下简称年休假）。

第十条 用人单位经职工同意不安排年休假或者安排职工年休假天数少于应休年休假天数，应当在本年度内对职工应休未休年休假天数，按照其日工资收入的300%支付未休年休假工资报酬，其中包含用人单位支付职工正常工作期间的工资收入。

用人单位安排职工休年休假，但是职工因本人原因且书面提出不休年休假的，用人单位可以只支付其正常工作期间的工资收入。

第十一条 计算未休年休假工资报酬的日工资收入按照职工本人的月工资除以月计薪天数（21.75天）进行折算。

前款所称月工资是指职工在用人单位支付其未休年休假工资报酬

前 12 个月剔除加班工资后的月平均工资。在本用人单位工作时间不满 12 个月的，按实际月份计算月平均工资。

职工在年休假期间享受与正常工作期间相同的工资收入。实行计件工资、提成工资或者其他绩效工资制的职工，日工资收入的计发办法按照本条第一款、第二款的规定执行。

第十二条 用人单位与职工解除或者终止劳动合同时，当年度未安排职工休满应休年休假的，应当按照职工当年已工作时间折算应休未休年休假天数并支付未休年休假工资报酬，但折算后不足 1 整天的部分不支付未休年休假工资报酬。

前款规定的折算方法为：（当年度在本单位已过日历天数÷365 天）×职工本人全年应当享受的年休假天数－当年度已安排年休假天数。

用人单位当年已安排职工年休假的，多于折算应休年休假的天数不再扣回。

六、婚假、丧假、探亲假、产假等工资请求权

《中华人民共和国劳动法》

第五十一条 劳动者在法定休假日和婚丧假期间以及依法参加社会活动期间，用人单位应当依法支付工资。

《深圳市员工工资支付条例》

第二十二条 员工依法享受年休假、探亲假、婚假、丧假、产假、看护假、节育手术假等假期的，用人单位应当视为提供正常劳动并支付工资。

七、停工工资请求权

📄 《深圳市员工工资支付条例》

第二十八条 非因员工原因造成用人单位停工、停产，未超过一个工资支付周期（最长三十日）的，用人单位应当按照正常工作时间支付工资。超过一个工资支付周期的，可以根据员工提供的劳动，按照双方新约定的标准支付工资；用人单位没有安排员工工作的，应当按照不低于当地最低工资标准的百分之八十支付劳动者生活费，生活费发放至企业复工、复产或者解除劳动关系为止。

第二十九条 因员工本人过错造成停工的，用人单位可以不支付该员工停工期间的工资，但是经认定属于工伤的除外。

八、最低工资请求权

📄 《深圳市员工工资支付条例》

第三十五条 本条例所称最低工资，是指员工在正常工作时间内提供了正常劳动后，用人单位应当支付的最低限额的劳动报酬。但是，下列各项不得作为最低工资的构成部分：

（一）加班工资；

（二）中班、夜班、高温、低温、井下、有毒有害等特殊工作条件下的补助；

（三）按照规定不属于工资的其他费用。

第四十条 实行计件工资或者提成工资等工资形式的，应当按照正常工作时间进行折算，其相应的折算额不得低于最低工资。

九、试用期工资请求权

📖《中华人民共和国劳动合同法》

第二十条 劳动者在试用期的工资不得低于本单位相同岗位最低档工资或者劳动合同约定工资的百分之八十，并不得低于用人单位所在地的最低工资标准。

十、二倍工资请求权

📖《中华人民共和国劳动合同法》

第八十二条 用人单位自用工之日起超过一个月不满一年未与劳动者订立书面劳动合同的，应当向劳动者每月支付二倍的工资。

用人单位违反本法规定不与劳动者订立无固定期限劳动合同的，自应当订立无固定期限劳动合同之日起向劳动者每月支付二倍的工资。

第二节 基本要素事实

一、工作时间

关联规范

（一）标准工时及加班时间

📖《中华人民共和国劳动法》

第四十一条 用人单位由于生产经营需要，经与工会和劳动者协商后可以延长工作时间，一般每日不得超过一小时；因特殊原因需要延长工作时间的，在保障劳动者身体健康的条件下延长工作时间每日不得超过三小时，但是每月不得超过三十六小时。

第四十四条 有下列情形之一的，用人单位应当按照下列标准支付高于劳动者正常工作时间工资的工资报酬：

（一）安排劳动者延长工作时间的，支付不低于工资的百分之一百五十的工资报酬；

（二）休息日安排劳动者工作又不能安排补休的，支付不低于工资的百分之二百的工资报酬；

（三）法定休假日安排劳动者工作的，支付不低于工资的百分之三百的工资报酬。

《国务院关于职工工作时间的规定》（1995年3月25日修订 1995年5月1日施行）

第三条 职工每日工作8小时、每周工作40小时。

第五条 因工作性质或者生产特点的限制，不能实行每日工作8小时、每周工作40小时标准工时制度的，按照国家有关规定，可以实行其他工作和休息办法。

（二）特殊工时

《劳动部关于企业实行不定时工作制和综合计算工时工作制的审批办法》（1994年12月14日发布 1995年1月1日施行）

第四条 企业对符合下列条件之一的职工，可以实行不定时工作制。

（一）企业中的高级管理人员、外勤人员、推销人员、部分值班人员和其他因工作无法按标准工作时间衡量的职工；

（二）企业中的长途运输人员、出租汽车司机和铁路、港口、仓库的部分装卸人员以及因工作性质特殊，需机动作业的职工；

（三）其他因生产特点、工作特殊需要或职责范围的关系，适合实行不定时工作制的职工。

第五条 企业对符合下列条件之一的职工，可实行综合计算工时工作制，即分别以周、月、季、年等为周期，综合计算工作时间，但其平均日工作时间和平均周工作时间应与法定标准工作时间基本相同。

（一）交通、铁路、邮电、水运、航空、渔业等行业中因工作性质特殊，需连续作业的职工；

（二）地质及资源勘探、建筑、制盐、制糖、旅游等受季节和自然条件限制的行业的部分职工；

（三）其他适合实行综合计算工时工作制的职工。

第六条 对于实行不定时工作制和综合计算工时工作制等其他工作和休息办法的职工，企业应根据《中华人民共和国劳动法》第一章、第四章有关规定，在保障职工身体健康并充分听取职工意见的基础上，采用集中工作、集中休息、轮休调休、弹性工作时间等适当方式，确保职工的休息休假权利和生产、工作任务的完成。

第七条 中央直属企业实行不定时工作制和综合计算工时工作制等其他工作和休息办法的，经国务院行业主管部门审核，报国务院劳动行政部门批准。

地方企业实行不定时工作制和综合计算工时工作制等其他工作和休息办法的审批办法，由各省、自治区、直辖市人民政府劳动行政部门制定，报国务院劳动行政部门备案。

二、劳动合同期限

关联规范

（一）固定期限劳动合同

《中华人民共和国劳动合同法》

第十条　建立劳动关系，应当订立书面劳动合同。

已建立劳动关系，未同时订立书面劳动合同的，应当自用工之日起一个月内订立书面劳动合同。

用人单位与劳动者在用工前订立劳动合同的，劳动关系自用工之日起建立。

第十三条　固定期限劳动合同，是指用人单位与劳动者约定合同终止时间的劳动合同。

用人单位与劳动者协商一致，可以订立固定期限劳动合同。

第十七条　劳动合同应当具备以下条款：

（一）用人单位的名称、住所和法定代表人或者主要负责人；

（二）劳动者的姓名、住址和居民身份证或者其他有效身份证件号码；

（三）劳动合同期限；

（四）工作内容和工作地点；

（五）工作时间和休息休假；

（六）劳动报酬；

（七）社会保险；

（八）劳动保护、劳动条件和职业危害防护；

（九）法律、法规规定应当纳入劳动合同的其他事项。

劳动合同除前款规定的必备条款外，用人单位与劳动者可以约定试用期、培训、保守秘密、补充保险和福利待遇等其他事项。

（二）无固定期限劳动合同

《中华人民共和国劳动合同法》

第十四条 无固定期限劳动合同，是指用人单位与劳动者约定无确定终止时间的劳动合同。

用人单位与劳动者协商一致，可以订立无固定期限劳动合同。有下列情形之一，劳动者提出或者同意续订、订立劳动合同的，除劳动者提出订立固定期限劳动合同外，应当订立无固定期限劳动合同：

（一）劳动者在该用人单位连续工作满十年的；

（二）用人单位初次实行劳动合同制度或者国有企业改制重新订立劳动合同时，劳动者在该用人单位连续工作满十年且距法定退休年龄不足十年的；

（三）连续订立二次固定期限劳动合同，且劳动者没有本法第三十九条和第四十条第一项、第二项规定的情形，续订劳动合同的。

用人单位自用工之日起满一年不与劳动者订立书面劳动合同的，视为用人单位与劳动者已订立无固定期限劳动合同。

《中华人民共和国劳动合同法实施条例》（2008年9月18日公布）

第九条 劳动合同法第十四条第二款规定的连续工作满10年的起始时间，应当自用人单位用工之日起计算，包括劳动合同法施行前的工作年限。

第十一条 除劳动者与用人单位协商一致的情形外，劳动者依照劳动合同法第十四条第二款的规定，提出订立无固定期限劳动合同的，用人单位应当与其订立无固定期限劳动合同。对劳动合同的内容，双方应当按照合法、公平、平等自愿、协商一致、诚实信用的原则协商确定；对协商不一致的内容，依照劳动合同法第十八条的规定执行。

📖《深圳经济特区和谐劳动关系促进条例》（2019 年 4 月 26 日修正）

第十八条　续订固定期限劳动合同的，用人单位和劳动者应当在劳动合同期满前一个月协商续订劳动合同；经协商未能就续订劳动合同达成一致意见的，用人单位或者劳动者可以终止劳动关系。但是依法应当订立无固定期限劳动合同的除外。

用人单位与劳动者协商延长劳动合同期限累计超过六个月的，视为续订劳动合同。

（三）以完成一定工作任务为期限的劳动合同

📖《中华人民共和国劳动合同法》

第十五条　以完成一定工作任务为期限的劳动合同，是指用人单位与劳动者约定以某项工作的完成为合同期限的劳动合同。

用人单位与劳动者协商一致，可以订立以完成一定工作任务为期限的劳动合同。

三、工资调整

关联规范

📖《中华人民共和国劳动合同法》

第三十五条　用人单位与劳动者协商一致，可以变更劳动合同约定的内容。变更劳动合同，应当采用书面形式。

变更后的劳动合同文本由用人单位和劳动者各执一份。

四、工资构成

关联规范

《国家统计局关于工资总额组成的规定》（1990 年 1 月 1 日发布）

第四条 工资总额由下列六个部分组成：

（一）计时工资；

（二）计件工资；

（三）奖金；

（四）津贴和补贴；

（五）加班加点工资；

（六）特殊情况下支付的工资。

第五条 计时工资是指按计时工资标准（包括地区生活费补贴）和工作时间支付给个人的劳动报酬。包括：

（一）对已做工作按计时工资标准支付的工资；

（二）实行结构工资制的单位支付给职工的基础工资和职务（岗位）工资；

（三）新参加工作职工的见习工资（学徒的生活费）；

（四）运动员体育津贴。

第六条 计件工资是指对已做工作按计件单价支付的劳动报酬。包括：

（一）实行超额累进计件、直接无限计件、限额计件、超定额计件等工资制，按劳动部门或主管部门批准的定额和计件单价支付给个人的工资；

（二）按工作任务包干方法支付给个人的工资；

（三）按营业额提成或利润提成办法支付给个人的工资。

第七条 奖金是指支付给职工的超额劳动报酬和增收节支的劳动报酬。包括：

（一）生产奖；

（二）节约奖；

（三）劳动竞赛奖；

（四）机关、事业单位的奖励工资；

（五）其他奖金。

第八条 津贴和补贴是指为了补偿职工特殊或额外的劳动消耗和因其他特殊原因支付给职工的津贴，以及为了保证职工工资水平不受物价影响支付给职工的物价补贴。

（一）津贴。包括：补偿职工特殊或额外劳动消耗的津贴，保健性津贴，技术性津贴，年功性津贴及其他津贴。

（二）物价补贴。包括：为保证职工工资水平不受物价上涨或变动影响而支付的各种补贴。

第九条 加班加点工资是指按规定支付的加班工资和加点工资。

第十条 特殊情况下支付的工资。包括：

（一）根据国家法律、法规和政策规定，因病、工伤、产假、计划生育假、婚丧假、事假、探亲假、定期休假、停工学习、执行国家或社会义务等原因按计时工资标准或计时工资标准的一定比例支付的工资；

（二）附加工资、保留工资。

第十一条 下列各项不列入工资总额的范围：

（一）根据国务院发布的有关规定颁发的发明创造奖、自然科学奖、科学技术进步奖和支付的合理化建议和技术改进奖以及支付给运动员、教练员的奖金；

（二）有关劳动保险和职工福利方面的各项费用；

（三）有关离休、退休、退职人员待遇的各项支出；

（四）劳动保护的各项支出；

（五）稿费、讲课费及其他专门工作报酬；

（六）出差伙食补助费、误餐补助、调动工作的旅费和安家费；

（七）对自带工具、牲畜来企业工作职工所支付的工具、牲畜等的补偿费用；

（八）实行租赁经营单位的承租人的风险性补偿收入；

（九）对购买本企业股票和债券的职工所支付的股息（包括股金分红）和利息；

（十）劳动合同制职工解除劳动合同时由企业支付的医疗补助费、生活补助费等；

（十一）因录用临时工而在工资以外向提供劳动力单位支付的手续费或管理费；

（十二）支付给家庭工人的加工费和按加工订货办法支付给承包单位的发包费用；

（十三）支付给参加企业劳动的在校学生的补贴；

（十四）计划生育独生子女补贴。

第十二条 前条所列各项按照国家规定另行统计。

五、工资支付周期及支付时间

关联规范

《**工资支付暂行规定**》（1994年12月6日公布 1995年1月1日施行）

第七条 工资必须在用人单位与劳动者约定的日期支付。如遇节假日或休息日，则应提前在最近的工作日支付。工资至少每月支付一次，实行周、日、小时工资制的可按周、日、小时支付工资。

第八条 对完成一次性临时劳动或某项具体工作的劳动者，用人单位应按有关协议或合同规定在其完成劳动任务后即支付工资。

第九条 劳动关系双方依法解除或终止劳动合同时，用人单位应在解除或终止劳动合同时一次付清劳动者工资。

《**深圳市员工工资支付条例**》

第十一条 工资支付周期不超过一个月的，约定的工资支付日不得超过支付周期期满后第七日；工资支付周期超过一个月不满一年的，约定的工资支付日不得超过支付周期期满后的一个月；工资支付周期在一年或者一年以上的，约定的工资支付日不得超过支付周期期满后的六个月。

工资支付日遇法定休假节日或者休息日的，应当在之前的工作日支付。

第十二条 用人单位因故不能在约定的工资支付日支付工资的，可以延长五日；因生产经营困难，需延长五日以上的，应当征得本单位工会或者员工本人书面同意，但是最长不得超过十五日。

第十三条 用人单位与员工的劳动关系依法解除或者终止的，支付周期不超过一个月的工资，用人单位应当自劳动关系解除或者终止之日起三个工作日内一次付清；支付周期超过一个月的工资，可以在约定的支付日期支付。

第十四条　员工工资应当从用人单位与员工建立劳动关系之日起计发至劳动关系解除或者终止之日。

劳动关系解除或者终止时，员工月度奖、季度奖、年终奖等支付周期未满的工资，按照员工实际工作时间折算计发。

六、工资支付凭证

关联规范

📖《广东省工资支付条例》（2016年9月29日修正）

第十六条　用人单位应当按照工资支付周期如实编制工资支付台账。工资支付台账应当至少保存二年。

工资支付台账应当包括支付日期、支付周期、支付对象姓名、工作时间、应发工资项目及数额，代扣、代缴、扣除项目和数额，实发工资数额，银行代发工资凭证或者劳动者签名等内容。

📖《深圳市员工工资支付条例》

第十五条　用人单位支付工资应当制作工资支付表。

工资支付表应当有支付单位名称、工资计发时段、发放时间、员工姓名、正常工作时间、加班时间、正常工作时间工资、加班工资等应发项目以及扣除的项目、金额及其工资账号等记录。

工资支付表至少应当保存两年。

用人单位支付员工工资时应当向员工提供一份本人的工资清单，并由员工签收。工资清单的内容应当与工资支付表一致，员工对工资清单表示异议的,用人单位应当予以答复。

七、仲裁时效

关联规范

《中华人民共和国劳动争议调解仲裁法》(2007年12月29日公布 2008年5月1日施行)

第二十七条 劳动争议申请仲裁的时效期间为一年。仲裁时效期间从当事人知道或者应当知道其权利被侵害之日起计算。

前款规定的仲裁时效,因当事人一方向对方当事人主张权利,或者向有关部门请求权利救济,或者对方当事人同意履行义务而中断。从中断时起,仲裁时效期间重新计算。

因不可抗力或者有其他正当理由,当事人不能在本条第一款规定的仲裁时效期间申请仲裁的,仲裁时效中止。从中止时效的原因消除之日起,仲裁时效期间继续计算。

劳动关系存续期间因拖欠劳动报酬发生争议的,劳动者申请仲裁不受本条第一款规定的仲裁时效期间的限制;但是,劳动关系终止的,应当自劳动关系终止之日起一年内提出。

第三节 主要争点问题说理

一、未签劳动合同的二倍工资的认定问题

（一）劳动者拒签劳动合同的二倍工资的认定问题

<u>**裁判依据**</u>

《中华人民共和国劳动合同法实施条例》

第五条 自用工之日起一个月内，经用人单位书面通知后，劳动者不与用人单位订立书面劳动合同的，用人单位应当书面通知劳动者终止劳动关系，无需向劳动者支付经济补偿，但是应当依法向劳动者支付其实际工作时间的劳动报酬。

第六条 用人单位自用工之日起超过一个月不满一年未与劳动者订立书面劳动合同的，应当依照劳动合同法第八十二条的规定向劳动者每月支付两倍的工资，并与劳动者补订书面劳动合同；劳动者不与用人单位订立书面劳动合同的，用人单位应当书面通知劳动者终止劳动关系，并依照劳动合同法第四十七条的规定支付经济补偿。

前款规定的用人单位向劳动者每月支付两倍工资的起算时间为用工之日起满一个月的次日，截止时间为补订书面劳动合同的前一日。

<u>**裁判理由**</u>

根据《劳动合同法》第十条和第八十二条的规定，用人单位与劳动者建立劳动关系，应当自用工之日起一个月内订立书面劳动合同。用人单位自用工之日起超过一个月不满一年未与劳动者订立书面劳动

合同的，应当向劳动者每月支付二倍的工资。上述规定强调的是客观上的结果，即只要用人单位在客观上自用工之日起超过一个月不满一年没有与劳动者签订书面劳动合同，就应当支付二倍工资。根据《劳动合同法实施条例》第五条、第六条的规定，即使是劳动者拒绝与用人单位签订劳动合同，用人单位也应当在一个月内书面通知劳动者终止劳动关系。对于用人单位自用工之日起超过一个月没有与劳动者签订劳动合同，也没有与其终止劳动关系的，用人单位就应当按照《劳动合同法》第八十二条的规定，向劳动者支付二倍工资。本案中，劳动者关于未签订书面劳动合同的二倍工资差额主张，有事实和法律依据，本院予以支持。

（二）超过一年未签劳动合同的二倍工资的认定问题

裁判依据

《中华人民共和国劳动合同法》

第十四条 无固定期限劳动合同，是指用人单位与劳动者约定无确定终止时间的劳动合同。

用人单位与劳动者协商一致，可以订立无固定期限劳动合同。有下列情形之一，劳动者提出或者同意续订、订立劳动合同的，除劳动者提出订立固定期限劳动合同外，应当订立无固定期限劳动合同：

（一）劳动者在该用人单位连续工作满十年的；

（二）用人单位初次实行劳动合同制度或者国有企业改制重新订立劳动合同时，劳动者在该用人单位连续工作满十年且距法定退休年龄不足十年的；

（三）连续订立二次固定期限劳动合同，且劳动者没有本法第三十九条和第四十条第一项、第二项规定的情形，续订劳动合同的。

用人单位自用工之日起满一年不与劳动者订立书面劳动合同的，视为用人单位与劳动者已订立无固定期限劳动合同。

《中华人民共和国劳动合同法实施条例》

第七条 用人单位自用工之日起满一年未与劳动者订立书面劳动合同的，自用工之日起满一个月的次日至满一年的前一日应当依照劳动合同法第八十二条的规定向劳动者每月支付两倍的工资，并视为自用工之日起满一年的当日已经与劳动者订立无固定期限劳动合同，应当立即与劳动者补订书面劳动合同。

裁判理由

依据《劳动合同法》第十四条第三款和《劳动合同法实施条例》第七条的规定，用人单位在自用工之日起满一年未与劳动者订立书面劳动合同的情况下，应视为用人单位与劳动者之间已订立了无固定期限劳动合同，也就是说，在用工之日起满一年之后用人单位与劳动者之间已经被视为订立了无固定期限劳动合同，双方所要履行的仅为补订书面劳动合同手续。《中华人民共和国劳动合同法》第八十二条第二款规定，用人单位违反本法规定不与劳动者订立无固定期限劳动合同的，自应当订立无固定期限劳动合同之日起向劳动者每月支付二倍的工资，该规定仅是针对《劳动合同法》第十四条第二款规定的劳动者符合应当订立无固定期限劳动合同的三种条件下，用人单位拒绝与劳动者订立无固定期限劳动合同的情形，并不适用于根据《劳动合同法实施条例》第七条规定的"视为双方已订立无固定期限劳动合同"的情形，因此，对于劳动者要求的自用工之日起超过一年后的未签订书面劳动合同的二倍工资请求，本院不应予以支持。

（三）具备劳动合同基本条款的入职协议的认定问题

裁判依据

《中华人民共和国劳动合同法》

第十七条 劳动合同应当具备以下条款：

（一）用人单位的名称、住所和法定代表人或者主要负责人；

（二）劳动者的姓名、住址和居民身份证或者其他有效身份证件号码；

（三）劳动合同期限；

（四）工作内容和工作地点；

（五）工作时间和休息休假；

（六）劳动报酬；

（七）社会保险；

（八）劳动保护、劳动条件和职业危害防护；

（九）法律、法规规定应当纳入劳动合同的其他事项。

劳动合同除前款规定的必备条款外，用人单位与劳动者可以约定试用期、培训、保守秘密、补充保险和福利待遇等其他事项。

裁判理由

用人单位虽未与劳动者签订以劳动合同命名的书面文件，但双方以明确劳动关系存续期间的权利义务为目的签订了书面协议，该协议明确约定了工作岗位、工作内容、合同期限、工作时间、劳动报酬等内容，上述内容具备了劳动合同的基本条款，具有劳动合同的属性，因此，应认定双方已经签订了书面劳动合同。本案中，劳动者请求用人单位向其支付未签订书面劳动合同的二倍工资，没有事实和法律依据，应当不予支持。

二、劳动报酬的举证责任问题

裁判依据

《中华人民共和国劳动争议调解仲裁法》

第六条 发生劳动争议，当事人对自己提出的主张，有责任提供证据。与争议事项有关的证据属于用人单位掌握管理的，用人单位应当提供；用人单位不提供的，应当承担不利后果。

《广东省工资支付条例》

第十六条 用人单位应当按照工资支付周期如实编制工资支付台账，工资支付台账应当至少保存二年。

工资支付台账应当包括支付日期、支付周期、支付对象姓名、工作时间、应发工资项目及数额，代扣、代缴、扣除项目和数额，实发工资数额，银行代发工资凭证或者劳动者签名等内容。

《深圳市员工工资支付条例》

第十五条 用人单位支付工资应当制作工资支付表。

工资支付表应当有支付单位名称、工资计发时段、发放时间、员工姓名、正常工作时间、加班时间、正常工作时间工资、加班工资等应发项目以及扣除的项目、金额及其工资账号等记录。

工资支付表至少应当保存两年。

用人单位支付员工工资时应当向员工提供一份本人的工资清单，并由员工签收。工资清单的内容应当与工资支付表一致，员工对工资清单表示异议的，用人单位应当予以答复。

裁判理由

根据《劳动争议调解仲裁法》第六条、《深圳市员工工资支付条例》第十五条（或《广东省工资支付条例》第十六条）的规定，用人单位应当制作工资支付表记载劳动者的工作时间及工资支付情况，且该工资支付表至少应当保存两年。劳动者主张用人单位未足额支付劳动报酬的，对于其申请仲裁之日前两年内（工资一般是按月支付的，因此，可从劳动者申请仲裁的当月向前推24个月，而不应精确到具体日期）的工资支付情况应由用人单位负举证责任，对于其申请仲裁之日起两年以前的工资支付情况，则应由劳动者承担举证责任。

三、加班工资的举证责任问题

裁判依据

📋《最高人民法院关于审理劳动争议案件适用法律问题的解释（一）》（法释〔2020〕26号　2020年12月29日公布　2021年1月1日施行）

第四十二条　劳动者主张加班费的，应当就加班事实的存在承担举证责任。但劳动者有证据证明用人单位掌握加班事实存在的证据，用人单位不提供的，由用人单位承担不利后果。

📋《广东省工资支付条例》

第十六条　用人单位应当按照工资支付周期如实编制工资支付台账，工资支付台账应当至少保存二年。

工资支付台账应当包括支付日期、支付周期、支付对象姓名、工作时间、应发工资项目及数额，代扣、代缴、扣除项目和数额，实发工资数额，银行代发工资凭证或者劳动者签名等内容。

裁判理由

情形一：劳动者主张其存在加班事实，用人单位则称劳动者不存在加班情况。根据《最高人民法院关于审理劳动争议案件适用法律问题的解释（一）》第四十二条的规定，劳动者应当就其在用人单位处工作期间存在加班事实或用人单位掌握加班事实存在的证据承担举证责任。对于劳动者未能就其主张提供任何证据证明的，对其请求的加班工资应不予支持。

情形二：在双方均确认劳动者存在加班事实或者用人单位对劳动者实行考勤制度的前提下，根据《最高人民法院关于审理劳动争议案件适用法律问题的解释（一）》第四十二条的规定，用人单位应就劳动者的具体工作时间承担举证责任。对于用人单位未能提交劳动者签名或者以其他方式确认的考勤表，工资表中也没有明确记载劳动者的正常工作时间和加班时间的（或者虽然记载了劳动者的加班时间，但未经劳动者签名确认的），用人单位应当承担举证不能的不利后果，因此，应对劳动者主张的加班时间予以采信（对于劳动者主张的加班时间明显超出合理范围的，可由人民法院结合劳动者所在的行业的特点，酌情对其加班时间作出认定）。

四、未休年休假的工资的时效认定问题

裁判依据

《中华人民共和国劳动争议调解仲裁法》

第二十七条　劳动争议申请仲裁的时效期间为一年。仲裁时效期间从当事人知道或者应当知道其权利被侵害之日起计算。

前款规定的仲裁时效，因当事人一方向对方当事人主张权利，或者向有关部门请求权利救济，或者对方当事人同意履行义务而中断。从中断时起，仲裁时效期间重新计算。

因不可抗力或者有其他正当理由，当事人不能在本条第一款规定的仲裁时效期间申请仲裁的，仲裁时效中止。从中止时效的原因消除之日起，仲裁时效期间继续计算。

劳动关系存续期间因拖欠劳动报酬发生争议的，劳动者申请仲裁不受本条第一款规定的仲裁时效期间的限制；但是，劳动关系终止的，应当自劳动关系终止之日起一年内提出。

《职工带薪年休假条例》

第五条 单位根据生产、工作的具体情况，并考虑职工本人意愿，统筹安排职工年休假。

年休假在 1 个年度内可以集中安排，也可以分段安排，一般不跨年度安排。单位因生产、工作特点确有必要跨年度安排职工年休假的，可以跨 1 个年度安排。

单位确因工作需要不能安排职工休年休假的，经职工本人同意，可以不安排职工休年休假。对职工应休未休的年休假天数，单位应当按照该职工日工资收入的 300% 支付年休假工资报酬。

裁判理由

根据《职工带薪年休假条例》第五条的规定，年休假可以跨年度安排。因劳动者未休年休假的工资可以跨年度安排，而未休年休假工资的仲裁时效为一年。本案中，劳动者于 2019 年 3 月 15 日申请仲裁，主张 2016 年至 2018 年未休年休假的工资。因劳动者在 2017 年度的年休假可以跨年度安排，也即用人单位可以在 2018 年度为其安排。对于用人单位在 2018 年度没有为劳动者安排其 2017 年应休的年休假的，劳动者于 2019 年申请仲裁，没有超过一年的仲裁时效，因此，对于劳动者主张的 2017 年度、2018 年度未休年休假的工资应当支持。劳动者主张的 2016 年度未休年休假的工资，则已经超过了仲裁的申诉时效，依法应予驳回。

五、高温津贴的认定问题

裁判依据

《广东省高温天气劳动保护办法》（2011年12月26日公布　2012年3月1日施行）

第十三条第一款　每年6月至10月期间，劳动者从事露天岗位工作以及用人单位不能采取有效措施将作业场所温度降低到33°C以下的（不含33°C），用人单位应当按月向劳动者发放高温津贴。所需费用在企业成本费用中列支。

裁判理由

根据《广东省高温天气劳动保护办法》第十三条的规定，以及《关于公布我省高温津贴标准的通知》的相关规定，广东省高温津贴标准为每人每月150元。因此，对于用人单位未能提供证据证明××××年6月至××××年10月期间，劳动者的作业场所温度低于33°C或者用人单位已采取有效措施将作业场所温度降低到33°C以下，应当承担举证不能的不利法律后果，也即用人单位应向劳动者支付上述时间段内的高温津贴。

第四节　庭审（调查）提问提纲

要素一：工作时间
双方是否就工作时间作出约定，约定的工作时间属于标准工时，还是属于特殊工时？
标准工时制，是否存在加班以及加班是否有相应的证据？
对于特殊工时制，是否经过劳动行政部门的审批？
要素二：劳动合同
双方是否签订了劳动合同？
劳动合同的种类（固定期限劳动合同、无固定期限劳动合同、以完成一定工作任务为期限的劳动合同）。
要素三：工资标准及构成
双方在劳动合同中是否约定了工资标准、工资构成以及加班工资的计算办法？
要素四：工资支付
工资支付方式：现金发放，还是银行转账支付；对于现金支付工资的，用人单位是否提交劳动者签名的工资条（或工资表）？
工资的实际发放情况如何（包括基本工资、津贴、奖金、加班工资及应发工资、实发工资等）？
是否存在未足额支付工资，或者拖欠、克扣工资的情形？
要素五：工资支付周期
劳动合同是否约定了工资支付时间？
对于拖欠工资的，在劳动者离职之前，是否已经足额支付？
要素六：追索期限
劳动者的离职时间？
劳动者申请仲裁的时间？

第五节　裁判文书模板

××××人民法院
民事判决书

（××××）……民终……号

上诉人（原审诉讼地位）：×××，……。

法定代理人/指定代理人/法定代表人/主要负责人：×××，……。

委托诉讼代理人：×××，……。

被上诉人（原审诉讼地位）：×××，……。

法定代理人/指定代理人/法定代表人/主要负责人：×××，……。

委托诉讼代理人：×××，……。

原审原告/被告/第三人：×××，……。

法定代理人/指定代理人/法定代表人/主要负责人：×××，……。

委托诉讼代理人：×××，……。

（以上写明当事人和其他诉讼参加人的姓名或者名称等基本信息）。

上诉人×××因与被上诉人×××/上诉人×××及原审原告/被告/第三人×××追索劳动报酬纠纷一案，不服××人民法院（××××）……民初……号民事判决，向本院提起上诉。本院于××××年××月××日立案受理，依法组成合议庭审理了本案。

本案现已审理终结。

×××上诉请求：……（写明上诉请求）。事实和理由：……（概述上诉人主张的事实和理由）。

×××辩称，……（概述被上诉人答辩意见）。

×××述称，……（概述原审原告/被告/第三人陈述意见）。

×××向一审法院起诉请求：……（写明原告/反诉原告/有独立请求权的第三人的诉讼请求）。

一审法院认定事实：……（概述一审认定的事实）。一审法院认为，……（概述一审裁判理由）。判决：……（写明一审判决主文）。

（情形一：） 本院二审期间，各方当事人没有提交新证据。一审判决查明事实（详见一审判决书）清楚，本院予以确认。

（情形二：） 本院二审期间，当事人提交了以下证据，用以证明……。当事人质证认为：……。

本院二审查明：

（要素一：）双方是否就工作时间作出约定，约定的工作时间属于标准工时，还是属于特殊工时？

（要素二：）对于标准工时制，是否存在加班以及加班是否有相应的证据？

（要素三：）对于特殊工时制，是否经过劳动行政部门的审批？

（要素四：）双方是否签订了劳动合同？

（要素五：）劳动合同的种类（固定期限劳动合同、无固定期限劳动合同、以完成一定工作任务为期限的劳动合同）？

（要素六：）双方在劳动合同中是否约定了工资标准、工资构成以及加班工资的计算办法？

（要素七：）现金发放，还是银行转账支付？

（要素八：）对于现金支付工资的，用人单位是否提交劳动者签名的工资条（或工资表）？

（要素九：）工资的实际发放情况（包括基本工资、津贴、奖金、加班工资及应发工资、实发工资等）？

（要素十：）是否存在未足额支付工资，或者拖欠、克扣工资的情形？

（要素十一：）劳动合同是否约定了工资支付时间？

（要素十二：）对于拖欠工资的，在劳动者离职之前，是否已经足额支付？

（要素十三：）劳动者的离职时间？

（要素十四：）劳动者申请仲裁的时间？

本院认为，本案系追索劳动报酬纠纷，各方当事人的二审争议焦点为：一、……；二、……；三、……。（根据二审认定的案件事实和相关法律规定，对当事人的上诉请求进行分析评判，说明理由。）

（情形一：）综上所述，上诉人的上诉请求不能成立，应予驳回。一审判决认定事实清楚，适用法律正确，应予维持。依照《中华人民共和国民事诉讼法》第一百七十七条第一款第一项之规定，判决如下：

驳回上诉，维持原判。

二审案件受理费……元，由上诉人×××负担。

本判决为终审判决。

（情形二：）综上所述，上诉人的上诉请求成立，予以支持。依照《中华人民共和国×××法》第×条、《中华人民共和国民事诉讼法》第一百七十七条第一款第×项规定，判决如下：

一、撤销××人民法院（××××）……民初……号民事判决；

二、……（写明改判内容）。

二审案件受理费……元，由……负担（写明当事人姓名或者名称、负担金额）。

本判决为终审判决。

（情形三：）综上所述，上诉人的上诉请求部分成立。依照《中华人民共和国×××法》第×条、《中华人民共和国民事诉讼法》第一百七十七条第一款第×项规定，判决如下：

一、维持××人民法院（××××）……民初……号民事判决第×项；

二、撤销××人民法院（××××）……民初……号民事判决第×项；

三、变更××人民法院（××××）……民初……号民事判决第×项为……；

四、……（写明新增判项）。

一审案件受理费……元，由……负担（写明当事人姓名或者名称、负担金额）。二审案件受理费……元，由……负担（写明当事人姓名或者名称、负担金额）。

本判决为终审判决。本判决为终审判决。

审　判　长　×××
审　判　员　×××
审　判　员　×××

××××年××月××日
（院印）

书　记　员　×××

第十二章
经济补偿金纠纷案件

第一节 常见请求权基础

一、劳动者被迫解除合同的经济补偿请求权

📄《中华人民共和国劳动合同法》(2012年12月28日修正 2013年7月1日施行)

第三十八条 用人单位有下列情形之一的,劳动者可以解除劳动合同:

(一)未按照劳动合同约定提供劳动保护或者劳动条件的;

(二)未及时足额支付劳动报酬的;

(三)未依法为劳动者缴纳社会保险费的;

(四)用人单位的规章制度违反法律、法规的规定,损害劳动者权益的;

(五)因本法第二十六条第一款规定的情形致使劳动合同无效的;

(六)法律、行政法规规定劳动者可以解除劳动合同的其他情形。

用人单位以暴力、威胁或者非法限制人身自由的手段强迫劳动者劳动的,或者用人单位违章指挥、强令冒险作业危及劳动者人身安全

的，劳动者可以立即解除劳动合同，不需事先告知用人单位。

二、非因劳动者过失解除劳动合同的经济补偿请求权

《中华人民共和国劳动合同法》

第四十条 有下列情形之一的，用人单位提前三十日以书面形式通知劳动者本人或者额外支付劳动者一个月工资后，可以解除劳动合同：

（一）劳动者患病或者非因工负伤，在规定的医疗期满后不能从事原工作，也不能从事由用人单位另行安排的工作的；

（二）劳动者不能胜任工作，经过培训或者调整工作岗位，仍不能胜任工作的；

（三）劳动合同订立时所依据的客观情况发生重大变化，致使劳动合同无法履行，经用人单位与劳动者协商，未能就变更劳动合同内容达成协议的。

三、经济性裁员的经济补偿请求权

《中华人民共和国劳动合同法》

第四十一条 有下列情形之一，需要裁减人员二十人以上或者裁减不足二十人但占企业职工总数百分之十以上的，用人单位提前三十日向工会或者全体职工说明情况，听取工会或者职工的意见后，裁减人员方案经向劳动行政部门报告，可以裁减人员：

（一）依照企业破产法规定进行重整的；

（二）生产经营发生严重困难的；

（三）企业转产、重大技术革新或者经营方式调整，经变更劳动合同后，仍需裁减人员的；

（四）其他因劳动合同订立时所依据的客观经济情况发生重大变化，致使劳动合同无法履行的。

裁减人员时，应当优先留用下列人员：

（一）与本单位订立较长期限的固定期限劳动合同的；

（二）与本单位订立无固定期限劳动合同的；

（三）家庭无其他就业人员，有需要扶养的老人或者未成年人的。

用人单位依照本条第一款规定裁减人员，在六个月内重新招用人员的，应当通知被裁减的人员，并在同等条件下优先招用被裁减的人员。

四、用人单位提出，双方协商一致解除劳动合同的经济补偿请求权

📄《中华人民共和国劳动合同法》

第三十六条　用人单位与劳动者协商一致，可以解除劳动合同。

五、劳动合同终止的经济补偿请求权

📄《中华人民共和国劳动合同法》

第四十四条　有下列情形之一的，劳动合同终止：

（一）劳动合同期满的；

（二）劳动者开始依法享受基本养老保险待遇的；

（三）劳动者死亡，或者被人民法院宣告死亡或者宣告失踪的；

（四）用人单位被依法宣告破产的；

（五）用人单位被吊销营业执照、责令关闭、撤销或者用人单位决定提前解散的；

（六）法律、行政法规规定的其他情形。

第四十六条　有下列情形之一的，用人单位应当向劳动者支付经济补偿：

（一）劳动者依照本法第三十八条规定解除劳动合同的；

（二）用人单位依照本法第三十六条规定向劳动者提出解除劳动合同并与劳动者协商一致解除劳动合同的；

（三）用人单位依照本法第四十条规定解除劳动合同的；

（四）用人单位依照本法第四十一条第一款规定解除劳动合同的；

（五）除用人单位维持或者提高劳动合同约定条件续订劳动合同，劳动者不同意续订的情形外，依照本法第四十四条第一项规定终止固定期限劳动合同的；

（六）依照本法第四十四条第四项、第五项规定终止劳动合同的；

（七）法律、行政法规规定的其他情形。

《中华人民共和国劳动合同法实施条例》（2008年9月18日公布）

第二十二条　以完成一定工作任务为期限的劳动合同因任务完成而终止的，用人单位应当依照劳动合同法第四十七条的规定向劳动者支付经济补偿。

六、违法解除劳动合同的赔偿金请求权

《中华人民共和国劳动合同法》

第八十七条　用人单位违反本法规定解除或者终止劳动合同的，

应当依照本法第四十七条规定的经济补偿标准的二倍向劳动者支付赔偿金。

第二节 基本要素事实

一、用人单位需支付经济补偿的法定情形

（一）劳动者主张被迫解除劳动合同，用人单位需支付经济补偿的情形

关联规范

📖《中华人民共和国劳动合同法》

第三十八条　用人单位有下列情形之一的，劳动者可以解除劳动合同：

（一）未按照劳动合同约定提供劳动保护或者劳动条件的；

（二）未及时足额支付劳动报酬的；

（三）未依法为劳动者缴纳社会保险费的；

（四）用人单位的规章制度违反法律、法规的规定，损害劳动者权益的；

（五）因本法第二十六条第一款规定的情形致使劳动合同无效的；

（六）法律、行政法规规定劳动者可以解除劳动合同的其他情形。

用人单位以暴力、威胁或者非法限制人身自由的手段强迫劳动者劳动的，或者用人单位违章指挥、强令冒险作业危及劳动者人身安全的，劳动者可以立即解除劳动合同，不需事先告知用人单位。

（二）双方协商解除劳动合同，用人单位需支付经济补偿的情形

关联规范

《中华人民共和国劳动合同法》

第三十六条 用人单位与劳动者协商一致，可以解除劳动合同。

第四十六条 有下列情形之一的，用人单位应当向劳动者支付经济补偿：

（一）劳动者依照本法第三十八条规定解除劳动合同的；

（二）用人单位依照本法第三十六条规定向劳动者提出解除劳动合同并与劳动者协商一致解除劳动合同的；

（三）用人单位依照本法第四十条规定解除劳动合同的；

（四）用人单位依照本法第四十一条第一款规定解除劳动合同的；

（五）除用人单位维持或者提高劳动合同约定条件续订劳动合同，劳动者不同意续订的情形外，依照本法第四十四条第一项规定终止固定期限劳动合同的；

（六）依照本法第四十四条第四项、第五项规定终止劳动合同的；

（七）法律、行政法规规定的其他情形。

（三）非过失性辞退，用人单位需支付经济补偿的情形

关联规范

《中华人民共和国劳动合同法》

第四十条 有如下情形之一的，用人单位提前三十日以书面形式通知劳动者本人或者额外支付劳动者一个月工资后，可以解除劳动合同：

（一）劳动者患病或者非因工负伤，在规定的医疗期满后不能从

事原工作，也不能从事由用人单位另行安排的工作的；

（二）劳动者不能胜任工作，经过培训或者调整工作岗位，仍不能胜任工作的；

（三）劳动合同订立时所依据的客观情况发生重大变化，致使劳动合同无法履行，经用人单位与劳动者协商，未能就变更劳动合同内容达成协议的。

（四）用人单位依法经济性裁员，需支付经济补偿的情形

关联规范

《中华人民共和国劳动合同法》

第四十一条 有下列情形之一，需要裁减人员二十人以上或者裁减不足二十人但占企业职工总数百分之十以上的，用人单位提前三十日向工会或者全体职工说明情况，听取工会或者职工的意见后，裁减人员方案经向劳动行政部门报告，可以裁减人员：

（一）依照企业破产法规定进行重整的；

（二）生产经营发生严重困难的；

（三）企业转产、重大技术革新或者经营方式调整，经变更劳动合同后，仍需裁减人员的；

（四）其他因劳动合同订立时所依据的客观经济情况发生重大变化，致使劳动合同无法履行的。

裁减人员时，应当优先留用下列人员：

（一）与本单位订立较长期限的固定期限劳动合同的；

（二）与本单位订立无固定期限劳动合同的；

（三）家庭无其他就业人员，有需要扶养的老人或者未成年人的。

用人单位依照本条第一款规定裁减人员，在六个月内重新招用人员的，应当通知被裁减的人员，并在同等条件下优先招用被裁减的人员。

（五）固定期限劳动合同期满终止时，用人单位需支付经济补偿的情形

关联规范

《中华人民共和国劳动合同法》

第四十四条 有下列情形之一的，劳动合同终止：

（一）劳动合同期满的；

（二）劳动者开始依法享受基本养老保险待遇的；

（三）劳动者死亡，或者被人民法院宣告死亡或者宣告失踪的；

（四）用人单位被依法宣告破产的；

（五）用人单位被吊销营业执照、责令关闭、撤销或者用人单位决定提前解散的；

（六）法律、行政法规规定的其他情形。

第四十六条 有下列情形之一的，用人单位应当向劳动者支付经济补偿：

（一）劳动者依照本法第三十八条规定解除劳动合同的；

（二）用人单位依照本法第三十六条规定向劳动者提出解除劳动合同并与劳动者协商一致解除劳动合同的；

（三）用人单位依照本法第四十条规定解除劳动合同的；

（四）用人单位依照本法第四十一条第一款规定解除劳动合同的；

（五）除用人单位维持或者提高劳动合同约定条件续订劳动合同，劳动者不同意续订的情形外，依照本法第四十四条第一项规定终止固定期限劳动合同的；

（六）依照本法第四十四条第四项、第五项规定终止劳动合同的；

（七）法律、行政法规规定的其他情形。

（六）以完成一定工作任务为期限的劳动合同因任务完成而终止时，用人单位需支付经济补偿的情形

《中华人民共和国劳动合同法实施条例》

第二十二条 以完成一定工作任务为期限的劳动合同因任务完成而终止的，用人单位应当依照劳动合同法第四十七条的规定向劳动者支付经济补偿。

（七）特殊情形下劳动合同终止，用人单位需支付经济补偿的情形

关联规范

《中华人民共和国劳动合同法》

第四十四条 有下列情形之一的，劳动合同终止：

（一）劳动合同期满的；

（二）劳动者开始依法享受基本养老保险待遇的；

（三）劳动者死亡，或者被人民法院宣告死亡或者宣告失踪的；

（四）用人单位被依法宣告破产的；

（五）用人单位被吊销营业执照、责令关闭、撤销或者用人单位决定提前解散的；

（六）法律、行政法规规定的其他情形。

《中华人民共和国劳动合同法实施条例》

第六条 用人单位自用工之日起超过一个月不满一年未与劳动者订立书面劳动合同的，应当依照劳动合同法第八十二条的规定向劳动者每月支付两倍的工资，并与劳动者补订书面劳动合同；劳动者不与

用人单位订立书面劳动合同的，用人单位应当书面通知劳动者终止劳动关系，并依照劳动合同法第四十七条的规定支付经济补偿。

前款规定的用人单位向劳动者每月支付两倍工资的起算时间为用工之日起满一个月的次日，截止时间为补订书面劳动合同的前一日。

二、用人单位解除或终止劳动合同无须向劳动者支付经济补偿的法定情形

（一）过失性辞退的情形

关联规范

《中华人民共和国劳动合同法》

第三十九条 劳动者有下列情形之一的，用人单位可以解除劳动合同：

（一）在试用期间被证明不符合录用条件的；

（二）严重违反用人单位的规章制度的；

（三）严重失职，营私舞弊，给用人单位造成重大损害的；

（四）劳动者同时与其他用人单位建立劳动关系，对完成本单位的工作任务造成严重影响，或者经用人单位提出，拒不改正的；

（五）因本法第二十六条第一款第一项规定的情形致使劳动合同无效的；

（六）被依法追究刑事责任的。

（二）劳动者在入职之日起一个月内拒绝签订劳动合同，导致劳动关系终止的情形

关联规范

《中华人民共和国劳动合同法实施条例》

第五条 自用工之日起一个月内，经用人单位书面通知后，劳动者不与用人单位订立书面劳动合同的，用人单位应当书面通知劳动者终止劳动关系，无需向劳动者支付经济补偿，但是应当依法向劳动者支付其实际工作时间的劳动报酬。

三、经济补偿的具体计算标准

（一）年限计算标准

关联规范

《中华人民共和国劳动合同法》

第四十七条第一款 经济补偿按劳动者在本单位工作的年限，每满一年支付一个月工资的标准向劳动者支付。六个月以上不满一年的，按一年计算；不满六个月的，向劳动者支付半个月工资的经济补偿。

《中华人民共和国劳动合同法实施条例》

第十条 劳动者非因本人原因从原用人单位被安排到新用人单位工作的，劳动者在原用人单位的工作年限合并计算为新用人单位的工作年限。原用人单位已经向劳动者支付经济补偿的，新用人单位在依法解除、终止劳动合同计算支付经济补偿的工作年限时，不再计算劳动者在原用人单位的工作年限。

📝《最高人民法院关于审理劳动争议案件适用法律问题的解释（一）》（法释〔2020〕26号 2020年12月29日公布 2021年1月1日施行）

第四十六条 劳动者非因本人原因从原用人单位被安排到新用人单位工作，原用人单位未支付经济补偿，劳动者依据劳动合同法第三十八条规定与新用人单位解除劳动合同，或者新用人单位向劳动者提出解除、终止劳动合同，在计算支付经济补偿或赔偿金的工作年限时，劳动者请求把在原用人单位的工作年限合并计算为新用人单位工作年限的，人民法院应予支持。

用人单位符合下列情形之一的，应当认定属于"劳动者非因本人原因从原用人单位被安排到新用人单位工作"：

（一）劳动者仍在原工作场所、工作岗位工作，劳动合同主体由原用人单位变更为新用人单位；

（二）用人单位以组织委派或任命形式对劳动者进行工作调动；

（三）因用人单位合并、分立等原因导致劳动者工作调动；

（四）用人单位及其关联企业与劳动者轮流订立劳动合同；

（五）其他合理情形。

（二）工资计算基数

关联规范

📝《中华人民共和国劳动合同法》

第四十七条 经济补偿按劳动者在本单位工作的年限，每满一年支付一个月工资的标准向劳动者支付。六个月以上不满一年的，按一年计算；不满六个月的，向劳动者支付半个月工资的经济补偿。

劳动者月工资高于用人单位所在直辖市、设区的市级人民政府公布的本地区上年度职工月平均工资三倍的，向其支付经济补偿的标准按职工月平均工资三倍的数额支付，向其支付经济补偿的年限最高不超过十二年。

本条所称月工资是指劳动者在劳动合同解除或者终止前十二个月的平均工资。

（三）针对高工资收入者的计算封顶

关联规范

《中华人民共和国劳动合同法》

第四十七条第二款 劳动者月工资高于用人单位所在直辖市、设区的市级人民政府公布的本地区上年度职工月平均工资三倍的，向其支付经济补偿的标准按职工月平均工资三倍的数额支付，向其支付经济补偿的年限最高不超过十二年。

四、经济补偿的支付时间

关联规范

《中华人民共和国劳动合同法》

第五十条第二款 劳动者应当按照双方约定，办理工作交接。用人单位依照本法有关规定应当向劳动者支付经济补偿的，在办结工作交接时支付。

五、用人单位不按规定支付经济补偿的，是否需支付额外经济补偿金

关联规范

《中华人民共和国劳动合同法》

第八十五条 用人单位有下列情形之一的，由劳动行政部门责令限期支付劳动报酬、加班费或者经济补偿；劳动报酬低于当地最低工资标准的，应当支付其差额部分；逾期不支付的，责令用人单位按应付金额百分之五十以上百分之一百以下的标准向劳动者加付赔偿金：

（一）未按照劳动合同的约定或者国家规定及时足额支付劳动者劳动报酬的；

（二）低于当地最低工资标准支付劳动者工资的；

（三）安排加班不支付加班费的；

（四）解除或者终止劳动合同，未依照本法规定向劳动者支付经济补偿的。

六、经济补偿的分段支付

关联规范

《中华人民共和国劳动合同法》

第九十七条第三款 本法施行之日存续的劳动合同在本法施行后解除或者终止，依照本法第四十六条规定应当支付经济补偿的，经济补偿年限自本法施行之日起计算；本法施行前按照当时有关规定，用人单位应当向劳动者支付经济补偿的，按照当时有关规定执行。

七、协商支付经济补偿与劳动者事后反悔的适用

关联规范

📄 《最高人民法院关于审理劳动争议案件适用法律问题的解释（一）》

第三十五条 劳动者与用人单位就解除或者终止劳动合同办理相关手续、支付工资报酬、加班费、经济补偿或者赔偿金等达成的协议，不违反法律、行政法规的强制性规定，且不存在欺诈、胁迫或者乘人之危情形的，应当认定有效。

前款协议存在重大误解或者显失公平情形，当事人请求撤销的，人民法院应予支持。

八、关于劳动合同约定违约金条款

关联规范

📄 《中华人民共和国劳动合同法》

第二十二条 用人单位为劳动者提供专项培训费用，对其进行专业技术培训的，可以与该劳动者订立协议，约定服务期。

劳动者违反服务期约定的，应当按照约定向用人单位支付违约金。违约金的数额不得超过用人单位提供的培训费用。用人单位要求劳动者支付的违约金不得超过服务期尚未履行部分所应分摊的培训费用。

用人单位与劳动者约定服务期的，不影响按照正常的工资调整机制提高劳动者在服务期期间的劳动报酬。

第二十三条 用人单位与劳动者可以在劳动合同中约定保守用人单位的商业秘密和与知识产权相关的保密事项。

对负有保密义务的劳动者，用人单位可以在劳动合同或者保密协议中与劳动者约定竞业限制条款，并约定在解除或者终止劳动合同后，在竞业限制期限内按月给予劳动者经济补偿。劳动者违反竞业限制约定的，应当按照约定向用人单位支付违约金。

第二十五条 除本法第二十二条和第二十三条规定的情形外，用人单位不得与劳动者约定由劳动者承担违约金。

九、违法解除劳动合同的赔偿金的适用

关联规范

《中华人民共和国劳动合同法》

第四十八条 用人单位违反本法规定解除或者终止劳动合同，劳动者要求继续履行劳动合同的，用人单位应当继续履行；劳动者不要求继续履行劳动合同或者劳动合同已经不能继续履行的，用人单位应当依照本法第八十七条规定支付赔偿金。

第八十七条 用人单位违反本法规定解除或者终止劳动合同的，应当依照本法第四十七条规定的经济补偿标准的二倍向劳动者支付赔偿金。

《中华人民共和国劳动合同法实施条例》

第二十五条 用人单位违反劳动合同法的规定解除或者终止劳动合同，依照劳动合同法第八十七条的规定支付了赔偿金的，不再支付经济补偿。赔偿金的计算年限自用工之日起计算。

第三节　主要争点问题说理

一、劳动者以用人单位未依法缴纳社会保险费为由，主张解除劳动合同并要求经济补偿的，必须以用人单位在劳动者提出补缴请求之日起一个月内未予补缴为前提

裁判依据

📖 《深圳经济特区和谐劳动关系促进条例》（2019年4月26日修正）

第十五条　用人单位和劳动者应当依法参加社会保险。

用人单位未依法为劳动者缴纳社会保险费的，劳动者应当依法要求用人单位缴纳；用人单位未在一个月内按规定缴纳的，劳动者可以解除劳动合同，用人单位应当依法支付经济补偿。

裁判理由

劳动者以用人单位未依法为其缴纳社会保险为由，主张被迫解除劳动合同并要求用人单位向其支付经济补偿，根据《深圳经济特区和谐劳动关系促进条例》第十五条第二款的规定，劳动者应当在离职前一个月要求用人单位缴纳，对于用人单位未在一个月内按规定缴纳的，劳动者才可以解除劳动合同，并要求用人单位支付经济补偿。本案中，劳动者未能提供证据证明，其在主张被迫解除劳动合同之前曾向用人单位提出补缴社会保险费且用人单位未在一个月内为其补缴，因此，劳动者主张被迫解除劳动合同，并要求用人单位支付经济补偿，不符合法律规定，应当不予支持。

二、《劳动合同法》施行前已建立劳动有关系，劳动者以用人单位未足额支付加班工资为由，主张被迫解除劳动合同，经济补偿的计算年限应从 2008 年 1 月 1 日开始计算

裁判依据

《中华人民共和国劳动合同法》

第三十八条 用人单位有下列情形之一的，劳动者可以解除劳动合同：

（一）未按照劳动合同约定提供劳动保护或者劳动条件的；

（二）未及时足额支付劳动报酬的；

（三）未依法为劳动者缴纳社会保险费的；

（四）用人单位的规章制度违反法律、法规的规定，损害劳动者权益的；

（五）因本法第二十六条第一款规定的情形致使劳动合同无效的；

（六）法律、行政法规规定劳动者可以解除劳动合同的其他情形。

用人单位以暴力、威胁或者非法限制人身自由的手段强迫劳动者劳动的，或者用人单位违章指挥、强令冒险作业危及劳动者人身安全的，劳动者可以立即解除劳动合同，不需事先告知用人单位。

第九十七条 本法施行前已依法订立且在本法施行之日存续的劳动合同，继续履行；本法第十四条第二款第三项规定连续订立固定期限劳动合同的次数，自本法施行后续订固定期限劳动合同时开始计算。

本法施行前已建立劳动关系，尚未订立书面劳动合同的，应当自本法施行之日起一个月内订立。

本法施行之日存续的劳动合同在本法施行后解除或者终止，依照本法第四十六条规定应当支付经济补偿的，经济补偿年限自本法施行之日起计算；本法施行前按照当时有关规定，用人单位应当向劳动者支付经济补偿的，按照当时有关规定执行。

第九十八条 本法自 2008 年 1 月 1 日起施行。

《最高人民法院关于审理劳动争议案件适用法律问题的解释（一）》

第四十五条 用人单位有下列情形之一，迫使劳动者提出解除劳动合同的，用人单位应当支付劳动者的劳动报酬和经济补偿，并可支付赔偿金：

（一）以暴力、威胁或者非法限制人身自由的手段强迫劳动的；

（二）未按照劳动合同约定支付劳动报酬或者提供劳动条件的；

（三）克扣或者无故拖欠劳动者工资的；

（四）拒不支付劳动者延长工作时间工资报酬的；

（五）低于当地最低工资标准支付劳动者工资的。

裁判理由

由于在《中华人民共和国劳动合同法》实施前后，相关法律法规对用人单位未足额支付加班工资，但不存在拒不支付的情形下，劳动者是否享有提出解除劳动合同及要求支付经济补偿的权利作出了不同的规定，根据《中华人民共和国劳动合同法》第九十七条第三款的规定，本法施行之日存续的劳动合同在本法施行后解除或终止，依照本法第四十六条规定应当支付经济补偿的，经济补偿年限自本法施行之日起计算，因此，劳动者在无证据证明用人单位存在拒不支付加班工资情况下，以用人单位未足额支付加班工资为由提出解除劳动合同，用人单位支付经济补偿的年限应从《中华人民共和国劳动合同法》实施之日即 2008 年 1 月 1 日起计算。

三、劳动者与用人单位均无法证明劳动者的离职原因，可视为由用人单位提出，双方协商一致解除劳动合同

裁判依据

《中华人民共和国劳动合同法》

第三十六条　用人单位与劳动者协商一致，可以解除劳动合同。

裁判理由

本案中，劳动者主张是用人单位违法将其辞退，而用人单位则主张劳动者是自动离职，但双方均未能提供有效证据证明各自的主张。在劳动关系中，用人单位与劳动者存在管理与被管理的关系，用人单位在获得证据的能力较劳动者更占优势。用人单位主张劳动者是自动离职，但未能提供证据证明，应认定本案劳动合同是由用人单位提出，双方协商一致解除。依照《中华人民共和国劳动合同法》第四十六条第二项的规定，用人单位应向劳动者支付经济补偿。

四、用人单位违法解除劳动合同的处理

裁判依据

《中华人民共和国劳动合同法》

第四十八条　用人单位违反本法规定解除或者终止劳动合同，劳动者要求继续履行劳动合同的，用人单位应当继续履行；劳动者不要求继续履行劳动合同或者劳动合同已经不能继续履行的，用人单位应当依照本法第八十七条规定支付赔偿金。

《广东省工资支付条例》（2016年9月29日修正）

第二十九条 用人单位解除劳动关系的决定被裁决撤销或者判决无效的，应当支付劳动者在被违法解除劳动关系期间的工资，其工资标准为劳动者本人前十二个月的平均正常工作时间工资；劳动者已领取失业保险金的，应当全部退回社会保险经办机构。

对前款规定的期间有争议的，可以由劳动人事争议仲裁委员会或者人民法院予以裁决。

裁判理由

用人单位解除劳动合同的理由没有事实依据，不符合法律规定，属于违法解除劳动合同。在此情况下，根据《中华人民共和国劳动合同法》第四十八条的规定，劳动者依法可以就违法解除劳动合同的法律后果行使选择权，即如果劳动者愿意回原用人单位工作，劳动者可以选择要求继续履行原劳动合同；如劳动者不愿回原用人单位工作或者劳动合同已经不能继续履行，劳动者可以要求用人单位向其支付违法解除劳动合同的赔偿金。本案中，双方当事人之间的劳动合同期限至今尚未届满，用人单位并无证据证明劳动合同不能继续履行，因此，劳动者要求继续履行劳动合同符合法律规定，应予准许。根据《广东省工资支付条例》第二十九条的规定，用人单位解除劳动关系的决定被裁决撤销或判决无效的，应当支付劳动者在被违法解除劳动关系期间的工资，工资标准为劳动者本人前十二个月的平均正常工作时间工资。因此，劳动者主张被违法解除劳动关系期间的工资于法有据，应当予以支持。

五、用人单位未与劳动者协商，单方调动工作岗位的处理

裁判依据

《中华人民共和国劳动合同法》

第三十五条 用人单位与劳动者协商一致，可以变更劳动合同约定的内容。变更劳动合同，应当采用书面形式。

变更后的劳动合同文本由用人单位和劳动者各执一份。

裁判理由

情形一：对于劳动者与用人单位在劳动合同中明确约定了工作岗位的，用人单位与劳动者变更工作岗位，应当与劳动者协商一致。用人单位未与劳动者协商一致，就单方变更劳动者的工作岗位，违反了双方劳动合同的约定，劳动者以用人单位未按劳动合同的约定提供劳动条件为由，主张被迫解除劳动合同，并要求用人单位向其支付经济补偿的，依法应予支持。

情形二：对于劳动者和用人单位在劳动合同中没有约定明确的工作岗位，或者虽然约定了工作岗位，但同时约定用人单位有权根据生产经营需要，对劳动者的工作岗位进行调整的，用人单位可以根据生产经营需要对劳动者进行调岗，但用人单位对劳动者的调岗应当符合下列条件：(1)用人单位对劳动者的调岗是基于企业的生产经营需要；(2)劳动者调整工作岗位前后的工资水平基本相当；(3)该次调岗不具有侮辱性和惩罚性；(4)不违反法律法规的规定和双方劳动合同的约定。本案中，用人单位的调岗符合上述条件，因此，应当认定用人单位的该次调岗符合法律规定。劳动者以该次调岗未经双方协商一致为由，主张被迫解除劳动合同，没有事实和法律依据，应不予

支持。

六、劳动者与用人单位协商一致解除劳动合同，并签订结算协议书之后，劳动者事后反悔的处理

裁判依据

《最高人民法院关于审理劳动争议案件适用法律若干问题的解释（一）》

第三十五条 劳动者与用人单位就解除或者终止劳动合同办理相关手续、支付工资报酬、加班费、经济补偿或者赔偿金等达成的协议，不违反法律、行政法规的强制性规定，且不存在欺诈、胁迫或者乘人之危情形的，应当认定有效。

前款协议存在重大误解或者显失公平情形，当事人请求撤销的，人民法院应予支持。

裁判理由

情形一：虽然劳动者与用人单位就劳动合同的解除或终止达成了一致意见并签订了协议书，但该协议书中约定的相关项目的补偿金额显著低于法定标准，属于显失公平的情形。劳动者在签订协议书之后，在法定期限内申请仲裁或提起诉讼，要求用人单位依法支付差额，符合《最高人民法院关于审理劳动争议案件适用法律问题的解释（一）》第三十五条的规定，依法应予支持。

情形二：劳动者与用人单位就劳动合同的解除或终止达成了一致意见并签订了协议书，因该协议书是劳动者的真实意思表示，且劳动者没有提交证据证明该协议书存在违反法律、行政法规的强制性规定，或存在欺诈、胁迫或者乘人之危、重大误解、显失公平等情

形，根据《最高人民法院关于审理劳动争议案件适用法律问题的解释（一）》第三十五条的规定，对劳动者依据该协议书主张的差额应不予支持。

第四节 庭审（调查）提问提纲

要素一：劳动者的工作年限
劳动者的在本单位的工作年限，以及劳动者是否存在"非因本人原因从原用人单位被安排到新用人单位工作"的情形？
要素二：平均工资
劳动者解除劳动合同前十二个月的月平均工资（以应发工资计算）是多少？
劳动者的工资是否高于上年度职工平均工资的三倍？
要素三：劳动合同解除或终止的原因
当事人主张属于被迫解除劳动合同、违法解除劳动合同、协商一致解除劳动合同、用人单位裁员，还是属于劳动合同到期终止？
要素四：劳动合同解除的时间
劳动者何时办理离职交接，最后工作至何时，或何时离职？
要素五：主张经济补偿金或者赔偿金的事实理由
劳动者请求经济补偿或者赔偿金的具体理由及依据是什么？
用人单位请求不予支付经济补偿或者赔偿金的理由及依据是什么？
要素六：离职协议及离职补偿
双方当事人是否签订了离职结算协议？
在劳动合同解除时，用人单位是否向劳动者支付了经济补偿？
要素七：劳动者申请仲裁的时间
劳动者何时申请仲裁？

第五节　裁判文书模板

×××× 人民法院
民事判决书

（××××）……民终……号

上诉人（原审诉讼地位）：×××，……。

法定代理人/指定代理人/法定代表人/主要负责人：×××，……。

委托诉讼代理人：×××，……。

被上诉人（原审诉讼地位）：×××，……。

法定代理人/指定代理人/法定代表人/主要负责人：×××，……。

委托诉讼代理人：×××，……。

原审原告/被告/第三人：×××，……。

法定代理人/指定代理人/法定代表人/主要负责人：×××，……。

委托诉讼代理人：×××，……。

（以上写明当事人和其他诉讼参加人的姓名或者名称等基本信息）。

上诉人×××因与被上诉人×××/上诉人×××及原审原告/被告/第三人×××劳动合同纠纷一案，不服××××人民法院（××××）……民初……号民事判决，向本院提起上诉。本院于

××××年××月××日立案受理，依法审理了本案。本案现已审理终结。

×××上诉请求：……（写明上诉请求）。事实和理由：……（概述上诉人主张的事实和理由）。

×××辩称，……（概述被上诉人答辩意见）。

×××述称，……（概述原审原告/被告/第三人陈述意见）。

×××向一审法院起诉请求：……（写明原告/反诉原告/有独立请求权的第三人的诉讼请求）。

一审法院认定事实：……（概述一审认定的事实）。一审法院认为，……（概述一审裁判理由）。判决：……（写明一审判决主文）。

（情形一：） 本院二审期间，各方当事人没有提交新证据。一审判决查明事实（详见一审判决书）清楚，本院予以确认。

（情形二：） 本院二审期间，当事人提交了以下证据，用以证明……。当事人质证认为：……。

本院二审查明：

（要素一：）劳动者的在本单位的工作年限是多少？

（要素二：）劳动者是否存在"非因本人原因从原用人单位被安排到新用人单位工作"的情形？

（要素三：）劳动者解除劳动合同前十二个月的月平均工资（以应发工资计算）是多少？

（要素四：）劳动者的工资是否高于上年度职工平均工资的三倍？

（要素五：）当事人主张属于被迫解除劳动合同、违法解除劳动合同、协商一致解除劳动合同、用人单位裁员，还是属于劳动合同到期终止？

（要素六：）劳动者何时办理离职交接，最后工作至何时，或何时离职？

（要素七：）劳动者请求经济补偿或者赔偿金的具体理由及依据是什么？

（要素八：）用人单位请求不予支付经济补偿或者赔偿金的理由及依据是什么？

（要素九：）双方当事人是否签订了离职结算协议？

（要素十：）在劳动合同解除时，用人单位是否向劳动者支付了经济补偿？

（要素十一：）劳动者何时申请仲裁？

本院认为，本案系劳动合同纠纷，各方当事人的二审争议焦点为：一、……；二、……；三、……。（根据二审认定的案件事实和相关法律规定，对当事人的上诉请求进行分析评判，说明理由。）

（情形一：）综上所述，上诉人的上诉请求不能成立，应予驳回。一审判决认定事实清楚，适用法律正确，应予维持。依照《中华人民共和国民事诉讼法》第一百七十七条第一款第一项之规定，判决如下：

驳回上诉，维持原判。

二审案件受理费……元，由上诉人×××负担。

本判决为终审判决。

（情形二：）综上所述，上诉人的上诉请求成立，予以支持。依照《中华人民共和国×××法》第×条、《中华人民共和国民事诉讼法》第一百七十七条第一款第×项规定，判决如下：

一、撤销××××人民法院（××××）……民初……号民事判决；

二、……（写明改判内容）。

一审案件受理费……元、二审案件受理费……元，合计……元，由……负担（写明当事人姓名或者名称、负担金额）。

本判决为终审判决。

（情形三：）综上所述，上诉人的上诉请求部分成立。依照《中华人民共和国×××法》第×条、《中华人民共和国民事诉讼法》第一百七十七条第一款第×项规定，判决如下：

一、维持××××人民法院（××××）……民初……号民事判决第×项；

二、撤销××××人民法院（××××）……民初……号民事判决第×项；

三、变更××××人民法院（××××）……民初……号民事判决第×项为……；

四、……（写明新增判项）。

一审案件受理费……元，由……负担（写明当事人姓名或者名称、负担金额）。二审案件受理费……元，由……负担（写明当事人姓名或者名称、负担金额）。

本判决为终审判决。

审　判　长　×××
审　判　员　×××
审　判　员　×××

××××年××月××日
（院印）
书　记　员　×××

第十三章
机动车交通事故责任纠纷案件

第一节 常见请求权基础

一、仅投保交强险时的损害赔偿请求权

📖《中华人民共和国道路交通安全法》(2021年4月29日修正)

第七十六条 机动车发生交通事故造成人身伤亡、财产损失的,由保险公司在机动车第三者责任强制保险责任限额范围内予以赔偿;不足的部分,按照下列规定承担赔偿责任:

(一)机动车之间发生交通事故的,由有过错的一方承担赔偿责任;双方都有过错的,按照各自过错的比例分担责任。

(二)机动车与非机动车驾驶人、行人之间发生交通事故,非机动车驾驶人、行人没有过错的,由机动车一方承担赔偿责任;有证据证明非机动车驾驶人、行人有过错的,根据过错程度适当减轻机动车一方的赔偿责任;机动车一方没有过错的,承担不超过百分之十的赔偿责任。

交通事故的损失是由非机动车驾驶人、行人故意碰撞机动车造成的,机动车一方不承担赔偿责任。

二、未依法投保交强险的机动车发生交通事故时的损害赔偿请求权

📝 《最高人民法院关于审理道路交通事故损害赔偿案件适用法律若干问题的解释》（2020年12月29日修正　2021年1月1日施行）

第十六条　未依法投保交强险的机动车发生交通事故造成损害，当事人请求投保义务人在交强险责任限额范围内予以赔偿的，人民法院应予支持。

投保义务人和侵权人不是同一人，当事人请求投保义务人和侵权人在交强险责任限额范围内承担相应责任的，人民法院应予支持。

三、同时投保交强险和商业三者险时的损害赔偿请求权

📝 《中华人民共和国民法典》（2020年5月28日公布　2021年1月1日施行）

第一千二百一十三条　机动车发生交通事故造成损害，属于该机动车一方责任的，先由承保机动车强制保险的保险人在强制保险责任限额范围内予以赔偿；不足部分，由承保机动车商业保险的保险人按照保险合同的约定予以赔偿；仍然不足或者没有投保机动车商业保险的，由侵权人赔偿。

📝 《中华人民共和国保险法》（2015年4月24日修正）

第六十五条　保险人对责任保险的被保险人给第三者造成的损害，可以依照法律的规定或者合同的约定，直接向该第三者赔偿保险金。

责任保险的被保险人给第三者造成损害，被保险人对第三者应负的赔偿责任确定的，根据被保险人的请求，保险人应当直接向该第三者赔偿保险金。被保险人怠于请求的，第三者有权就其应获赔偿部分直接向保险人请求赔偿保险金。

责任保险的被保险人给第三者造成损害，被保险人未向该第三者赔偿的，保险人不得向被保险人赔偿保险金。

责任保险是指以被保险人对第三者依法应负的赔偿责任为保险标的的保险。

📄 《最高人民法院关于审理道路交通事故损害赔偿案件适用法律若干问题的解释》

第十三条 同时投保机动车第三者责任强制保险（以下简称交强险）和第三者责任商业保险（以下简称商业三者险）的机动车发生交通事故造成损害，当事人同时起诉侵权人和保险公司的，人民法院应当依照民法典第一千二百一十三条的规定，确定赔偿责任。

被侵权人或者其近亲属请求承保交强险的保险公司优先赔偿精神损害的，人民法院应予支持。

四、因租赁、借用等情形机动车所有人与使用人不是同一人时，发生交通事故时的损害赔偿请求权

📄 《中华人民共和国民法典》

第一千二百零九条 因租赁、借用等情形机动车所有人、管理人与使用人不是同一人时，发生交通事故造成损害，属于该机动车一方责任的，由机动车使用人承担赔偿责任；机动车所有人、管理人对损害的发生有过错的，承担相应的赔偿责任。

第一千二百一十二条 未经允许驾驶他人机动车，发生交通事故造成损害，属于该机动车一方责任的，由机动车使用人承担赔偿责任；机动车所有人、管理人对损害的发生有过错的，承担相应的赔偿责任，但是本章另有规定的除外。

📝 **《最高人民法院关于审理道路交通事故损害赔偿案件适用法律若干问题的解释》**

第一条 机动车发生交通事故造成损害，机动车所有人或者管理人有下列情形之一，人民法院应当认定其对损害的发生有过错，并适用民法典第一千二百零九条的规定确定其相应的赔偿责任：

（一）知道或者应当知道机动车存在缺陷，且该缺陷是交通事故发生原因之一的；

（二）知道或者应当知道驾驶人无驾驶资格或者未取得相应驾驶资格的；

（三）知道或者应当知道驾驶人因饮酒、服用国家管制的精神药品或者麻醉药品，或者患有妨碍安全驾驶机动车的疾病等依法不能驾驶机动车的；

（四）其他应当认定机动车所有人或者管理人有过错的。

五、当事人之间已经以买卖等方式转让并交付机动车但未办理所有权转移登记时的损害赔偿请求权

📝 **《中华人民共和国民法典》**

第一千二百一十条 当事人之间已经以买卖或者其他方式转让并交付机动车但是未办理登记，发生交通事故造成损害，属于该机动车一方责任的，由受让人承担赔偿责任。

📄 《最高人民法院关于审理道路交通事故损害赔偿案件适用法律若干问题的解释》

第二条　被多次转让但是未办理登记的机动车发生交通事故造成损害，属于该机动车一方责任，当事人请求由最后一次转让并交付的受让人承担赔偿责任的，人民法院应予支持。

六、以买卖等方式转让拼装或者已达到报废标准的机动车，发生交通事故时的损害赔偿请求权

📄 《中华人民共和国民法典》

第一千二百一十四条　以买卖或者其他方式转让拼装或者已经达到报废标准的机动车，发生交通事故造成损害的，由转让人和受让人承担连带责任。

📄 《最高人民法院关于审理道路交通事故损害赔偿案件适用法律若干问题的解释》

第四条　拼装车、已达到报废标准的机动车或者依法禁止行驶的其他机动车被多次转让，并发生交通事故造成损害，当事人请求由所有的转让人和受让人承担连带责任的，人民法院应予支持。

七、盗窃、抢劫或者抢夺的机动车发生交通事故时的损害赔偿请求权

📄 《中华人民共和国民法典》

第一千二百一十五条　盗窃、抢劫或者抢夺的机动车发生交通事故造成损害的，由盗窃人、抢劫人或者抢夺人承担赔偿责任。盗窃

人、抢劫人或者抢夺人与机动车使用人不是同一人，发生交通事故造成损害，属于该机动车一方责任的，由盗窃人、抢劫人或者抢夺人与机动车使用人承担连带责任。

保险人在机动车强制保险责任限额范围内垫付抢救费用的，有权向交通事故责任人追偿。

八、以挂靠形式从事道路运输经营活动的机动车发生交通事故时的损害赔偿请求权

📄《中华人民共和国民法典》

第一千二百一十一条 以挂靠形式从事道路运输经营活动的机动车，发生交通事故造成损害，属于该机动车一方责任的，由挂靠人和被挂靠人承担连带责任。

九、套牌机动车发生交通事故时的损害赔偿请求权

📄《最高人民法院关于审理道路交通事故损害赔偿案件适用法律若干问题的解释》

第三条 套牌机动车发生交通事故造成损害，属于该机动车一方责任，当事人请求由套牌机动车的所有人或者管理人承担赔偿责任的，人民法院应予支持；被套牌机动车所有人或者管理人同意套牌的，应当与套牌机动车的所有人或者管理人承担连带责任。

十、在驾驶培训活动中驾驶机动车发生交通事故时的损害赔偿请求权

📄《最高人民法院关于审理道路交通事故损害赔偿案件适用法律若干问题的解释》

第五条　接受机动车驾驶培训的人员，在培训活动中驾驶机动车发生交通事故造成损害，属于该机动车一方责任，当事人请求驾驶培训单位承担赔偿责任的，人民法院应予支持。

十一、试乘过程中发生交通事故时的损害赔偿请求权

📄《最高人民法院关于审理道路交通事故损害赔偿案件适用法律若干问题的解释》

第六条　机动车试乘过程中发生交通事故造成试乘人损害，当事人请求提供试乘服务者承担赔偿责任的，人民法院应予支持。试乘人有过错的，应当减轻提供试乘服务者的赔偿责任。

十二、多辆机动车发生交通事故时的损害赔偿请求权

📄《最高人民法院关于审理道路交通事故损害赔偿案件适用法律若干问题的解释》

第十条　多辆机动车发生交通事故造成第三人损害，当事人请求多个侵权人承担赔偿责任的，人民法院应当区分不同情况，依照民法典第一千一百七十条、第一千一百七十一条、第一千一百七十二条的规定，确定侵权人承担连带责任或者按份责任。

第十八条 多辆机动车发生交通事故造成第三人损害，损失超出各机动车交强险责任限额之和的，由各保险公司在各自责任限额范围内承担赔偿责任；损失未超出各机动车交强险责任限额之和，当事人请求由各保险公司按照其责任限额与责任限额之和的比例承担赔偿责任的，人民法院应予支持。

依法分别投保交强险的牵引车和挂车连接使用时发生交通事故造成第三人损害，当事人请求由各保险公司在各自的责任限额范围内平均赔偿的，人民法院应予支持。

多辆机动车发生交通事故造成第三人损害，其中部分机动车未投保交强险，当事人请求先由已承保交强险的保险公司在责任限额范围内予以赔偿的，人民法院应予支持。保险公司就超出其应承担的部分向未投保交强险的投保义务人或者侵权人行使追偿权的，人民法院应予支持。

十三、发生交通事故时人身损害和财产损失赔偿请求权

《中华人民共和国民法典》

第一千一百七十九条 侵害他人造成人身损害的，应当赔偿医疗费、护理费、交通费、营养费、住院伙食补助费等为治疗和康复支出的合理费用，以及因误工减少的收入。造成残疾的，还应当赔偿辅助器具费和残疾赔偿金；造成死亡的，还应当赔偿丧葬费和死亡赔偿金。

第一千一百八十三条 侵害自然人人身权益造成严重精神损害的，被侵权人有权请求精神损害赔偿。

因故意或者重大过失侵害自然人具有人身意义的特定物造成严重

精神损害的，被侵权人有权请求精神损害赔偿。

📄《最高人民法院关于审理道路交通事故损害赔偿案件适用法律若干问题的解释》

第十一条 道路交通安全法第七十六条规定的"人身伤亡"，是指机动车发生交通事故侵害被侵权人的生命权、身体权、健康权等人身权益所造成的损害，包括民法典第一千一百七十九条和第一千一百八十三条规定的各项损害。

道路交通安全法第七十六条规定的"财产损失"，是指因机动车发生交通事故侵害被侵权人的财产权益所造成的损失。

第十二条 因道路交通事故造成下列财产损失，当事人请求侵权人赔偿的，人民法院应予支持：

（一）维修被损坏车辆所支出的费用、车辆所载物品的损失、车辆施救费用；

（二）因车辆灭失或者无法修复，为购买交通事故发生时与被损坏车辆价值相当的车辆重置费用；

（三）依法从事货物运输、旅客运输等经营性活动的车辆，因无法从事相应经营活动所产生的合理停运损失；

（四）非经营性车辆因无法继续使用，所产生的通常替代性交通工具的合理费用。

第二节　基本要素事实

一、交通事故责任认定情况

关联规范

📝《最高人民法院关于审理道路交通事故损害赔偿案件适用法律若干问题的解释》

第二十四条　公安机关交通管理部门制作的交通事故认定书，人民法院应依法审查并确认其相应的证明力，但有相反证据推翻的除外。

📝《广东省道路交通安全条例》（2014年9月25日修正）

第四十六条　机动车与非机动车驾驶人、行人之间发生交通事故，造成人身伤亡、财产损失的，由保险公司在机动车第三者责任强制保险责任限额范围内予以赔偿。不足的部分，按照下列规定承担赔偿责任：

（一）非机动车驾驶人、行人无事故责任的，由机动车一方承担赔偿责任；

（二）非机动车驾驶人、行人负事故次要责任的，由机动车一方承担百分之八十的赔偿责任；

（三）非机动车驾驶人、行人负事故同等责任的，由机动车一方承担百分之六十的赔偿责任；

（四）非机动车驾驶人、行人负事故主要责任的，由机动车一方承担百分之四十的赔偿责任；

（五）非机动车驾驶人、行人负事故全部责任的，由机动车一方承担不超过百分之十的赔偿责任。

交通事故的损失是由非机动车驾驶人、行人故意造成的，机动车一方不承担责任。

非机动车驾驶人、行人与处于静止状态的机动车发生交通事故，机动车一方无交通事故责任的，不承担赔偿责任。

未参加机动车第三者责任强制保险的，由机动车方在该车应当投保的最低保险责任限额内予以赔偿，对超过最低保险责任限额的部分，按照第一款的规定赔偿。

二、交强险情况

关联规范

《机动车交通事故责任强制保险条例》（2019年3月2日修订）

第三条 本条例所称机动车交通事故责任强制保险，是指由保险公司对被保险机动车发生道路交通事故造成本车人员、被保险人以外的受害人的人身伤亡、财产损失，在责任限额内予以赔偿的强制性责任保险。

第二十三条 机动车交通事故责任强制保险在全国范围内实行统一的责任限额。责任限额分为死亡伤残赔偿限额、医疗费用赔偿限额、财产损失赔偿限额以及被保险人在道路交通事故中无责任的赔偿限额。

机动车交通事故责任强制保险责任限额由国务院保险监督管理机构会同国务院公安部门、国务院卫生主管部门、国务院农业主管部门规定。

三、商业三者险情况

> **关联规范**

📄《中华人民共和国民法典》

第一千二百一十三条 机动车发生交通事故造成损害，属于该机动车一方责任的，先由承保机动车强制保险的保险人在强制保险责任限额范围内予以赔偿；不足部分，由承保机动车商业保险的保险人按照保险合同的约定予以赔偿；仍然不足或者没有投保机动车商业保险的，由侵权人赔偿。

📄《中华人民共和国保险法》

第十七条 订立保险合同，采用保险人提供的格式条款的，保险人向投保人提供的投保单应当附格式条款，保险人应当向投保人说明合同的内容。

对保险合同中免除保险人责任的条款，保险人在订立合同时应当在投保单、保险单或者其他保险凭证上作出足以引起投保人注意的提示，并对该条款的内容以书面或者口头形式向投保人作出明确说明；未作提示或者明确说明的，该条款不产生效力。

第六十五条 保险人对责任保险的被保险人给第三者造成的损害，可以依照法律的规定或者合同的约定，直接向该第三者赔偿保险金。

责任保险的被保险人给第三者造成损害，被保险人对第三者应负的赔偿责任确定的，根据被保险人的请求，保险人应当直接向该第三者赔偿保险金。被保险人怠于请求的，第三者有权就其应获赔偿部分直接向保险人请求赔偿保险金。

责任保险的被保险人给第三者造成损害，被保险人未向该第三者赔偿的，保险人不得向被保险人赔偿保险金。

责任保险是指以被保险人对第三者依法应负的赔偿责任为保险标的的保险。

《最高人民法院关于适用〈中华人民共和国保险法〉若干问题的解释（二）》（2020年12月29日修正　2021年1月1日施行）

第十一条　保险合同订立时，保险人在投保单或者保险单等其他保险凭证上，对保险合同中免除保险人责任的条款，以足以引起投保人注意的文字、字体、符号或者其他明显标志作出提示的，人民法院应当认定其履行了保险法第十七条第二款规定的提示义务。

保险人对保险合同中有关免除保险人责任条款的概念、内容及其法律后果以书面或者口头形式向投保人作出常人能够理解的解释说明的，人民法院应当认定保险人履行了保险法第十七条第二款规定的明确说明义务。

第十二条　通过网络、电话等方式订立的保险合同，保险人以网页、音频、视频等形式对免除保险人责任条款予以提示和明确说明的，人民法院可以认定其履行了提示和明确说明义务。

第十三条　保险人对其履行了明确说明义务负举证责任。

投保人对保险人履行了符合本解释第十一条第二款要求的明确说明义务在相关文书上签字、盖章或者以其他形式予以确认的，应当认定保险人履行了该项义务。但另有证据证明保险人未履行明确说明义务的除外。

四、机动车使用人与机动车所有人不是同一人时的责任承担

关联规范

《中华人民共和国民法典》

第一千二百零九条 因租赁、借用等情形机动车所有人、管理人与使用人不是同一人时，发生交通事故造成损害，属于该机动车一方责任的，由机动车使用人承担赔偿责任；机动车所有人、管理人对损害的发生有过错的，承担相应的赔偿责任。

第一千二百一十条 当事人之间已经以买卖或者其他方式转让并交付机动车但是未办理登记，发生交通事故造成损害，属于该机动车一方责任的，由受让人承担赔偿责任。

第一千二百一十一条 以挂靠形式从事道路运输经营活动的机动车，发生交通事故造成损害，属于该机动车一方责任的，由挂靠人和被挂靠人承担连带责任。

第一千二百一十四条 以买卖或者其他方式转让拼装或者已经达到报废标准的机动车，发生交通事故造成损害的，由转让人和受让人承担连带责任。

第一千二百一十五条 盗窃、抢劫或者抢夺的机动车发生交通事故造成损害的，由盗窃人、抢劫人或者抢夺人承担赔偿责任。盗窃人、抢劫人或者抢夺人与机动车使用人不是同一人，发生交通事故造成损害，属于该机动车一方责任的，由盗窃人、抢劫人或者抢夺人与机动车使用人承担连带责任。

保险人在机动车强制保险责任限额范围内垫付抢救费用的，有权向交通事故责任人追偿。

📄《最高人民法院关于审理道路交通事故损害赔偿案件适用法律若干问题的解释》

第三条 套牌机动车发生交通事故造成损害，属于该机动车一方责任，当事人请求由套牌机动车的所有人或者管理人承担赔偿责任的，人民法院应予支持；被套牌机动车所有人或者管理人同意套牌的，应当与套牌机动车的所有人或者管理人承担连带责任。

五、受害人损失情况

关联规范

📄《最高人民法院关于审理人身损害赔偿案件适用法律若干问题的解释》（2022年4月24日修正 2022年5月1日施行）

第一条 因生命、身体、健康遭受侵害，赔偿权利人起诉请求赔偿义务人赔偿物质损害和精神损害的，人民法院应予受理。

本条所称"赔偿权利人"，是指因侵权行为或者其他致害原因直接遭受人身损害的受害人以及死亡受害人的近亲属。

本条所称"赔偿义务人"，是指因自己或者他人的侵权行为以及其他致害原因依法应当承担民事责任的自然人、法人或者非法人组织。

第六条 医疗费根据医疗机构出具的医药费、住院费等收款凭证，结合病历和诊断证明等相关证据确定。赔偿义务人对治疗的必要性和合理性有异议的，应当承担相应的举证责任。

医疗费的赔偿数额，按照一审法庭辩论终结前实际发生的数额确定。器官功能恢复训练所必要的康复费、适当的整容费以及其他后续治疗费，赔偿权利人可以待实际发生后另行起诉。但根据医疗证明或者鉴定结论确定必然发生的费用，可以与已经发生的医疗费一并予以赔偿。

第七条 误工费根据受害人的误工时间和收入状况确定。

误工时间根据受害人接受治疗的医疗机构出具的证明确定。受害人因伤致残持续误工的，误工时间可以计算至定残日前一天。

受害人有固定收入的，误工费按照实际减少的收入计算。受害人无固定收入的，按照其最近三年的平均收入计算；受害人不能举证证明其最近三年的平均收入状况的，可以参照受诉法院所在地相同或者相近行业上一年度职工的平均工资计算。

第八条 护理费根据护理人员的收入状况和护理人数、护理期限确定。

护理人员有收入的，参照误工费的规定计算；护理人员没有收入或者雇佣护工的，参照当地护工从事同等级别护理的劳务报酬标准计算。护理人员原则上为一人，但医疗机构或者鉴定机构有明确意见的，可以参照确定护理人员人数。

护理期限应计算至受害人恢复生活自理能力时止。受害人因残疾不能恢复生活自理能力的，可以根据其年龄、健康状况等因素确定合理的护理期限，但最长不超过二十年。

受害人定残后的护理，应当根据其护理依赖程度并结合配制残疾辅助器具的情况确定护理级别。

第九条 交通费根据受害人及其必要的陪护人员因就医或者转院治疗实际发生的费用计算。交通费应当以正式票据为凭；有关凭据应当与就医地点、时间、人数、次数相符合。

第十条 住院伙食补助费可以参照当地国家机关一般工作人员的出差伙食补助标准予以确定。

受害人确有必要到外地治疗，因客观原因不能住院，受害人本人及其陪护人员实际发生的住宿费和伙食费，其合理部分应予赔偿。

第十一条　营养费根据受害人伤残情况参照医疗机构的意见确定。

第十二条　残疾赔偿金根据受害人丧失劳动能力程度或者伤残等级，按照受诉法院所在地上一年度城镇居民人均可支配收入标准，自定残之日起按二十年计算。但六十周岁以上的，年龄每增加一岁减少一年；七十五周岁以上的，按五年计算。

受害人因伤致残但实际收入没有减少，或者伤残等级较轻但造成职业妨害严重影响其劳动就业的，可以对残疾赔偿金作相应调整。

第十三条　残疾辅助器具费按照普通适用器具的合理费用标准计算。伤情有特殊需要的，可以参照辅助器具配制机构的意见确定相应的合理费用标准。

辅助器具的更换周期和赔偿期限参照配制机构的意见确定。

第十四条　丧葬费按照受诉法院所在地上一年度职工月平均工资标准，以六个月总额计算。

第十五条　死亡赔偿金按照受诉法院所在地上一年度城镇居民人均可支配收入标准，按二十年计算。但六十周岁以上的，年龄每增加一岁减少一年；七十五周岁以上的，按五年计算。

第十六条　被扶养人生活费计入残疾赔偿金或者死亡赔偿金。

第十七条　被扶养人生活费根据扶养人丧失劳动能力程度，按照受诉法院所在地上一年度城镇居民人均消费支出标准计算。被扶养人为未成年人的，计算至十八周岁；被扶养人无劳动能力又无其他生活来源的，计算二十年。但六十周岁以上的，年龄每增加一岁减少一年；七十五周岁以上的，按五年计算。

被扶养人是指受害人依法应当承担扶养义务的未成年人或者丧失劳动能力又无其他生活来源的成年近亲属。被扶养人还有其他扶养人的，赔偿义务人只赔偿受害人依法应当负担的部分。被扶养人有数人的，年赔偿总额累计不超过上一年度城镇居民人均消费支出额。

第十八条 赔偿权利人举证证明其住所地或者经常居住地城镇居民人均可支配收入高于受诉法院所在地标准的，残疾赔偿金或者死亡赔偿金可以按照其住所地或者经常居住地的相关标准计算。

被扶养人生活费的相关计算标准，依照前款原则确定。

第三节 主要争点问题说理

一、交强险中的第三者认定问题

裁判依据

《机动车交通事故责任强制保险条例》

第三条 本条例所称机动车交通事故责任强制保险，是指由保险公司对被保险机动车发生道路交通事故造成本车人员、被保险人以外的受害人的人身伤亡、财产损失，在责任限额内予以赔偿的强制性责任保险。

📄《最高人民法院关于审理道路交通事故损害赔偿案件适用法律若干问题的解释》

第十四条 投保人允许的驾驶人驾驶机动车致使投保人遭受损害，当事人请求承保交强险的保险公司在责任限额范围内予以赔偿的，人民法院应予支持，但投保人为本车上人员的除外。

裁判理由

情形一：受害人虽为交强险的投保人，但在涉案交通事故发生时其未在机动车上，处于第三者的地位，依法有权获得交强险赔偿。

情形二：受害人虽然原为机动车上人员，但在涉案交通事故发生前已经下车，处于第三者的地位，依法有权获得交强险赔偿。

二、商业三者险的免责事由问题

（一）保险人的提示说明义务

裁判依据

📄《中华人民共和国保险法》

第十七条 订立保险合同，采用保险人提供的格式条款的，保险人向投保人提供的投保单应当附格式条款，保险人应当向投保人说明合同的内容。

对保险合同中免除保险人责任的条款，保险人在订立合同时应当在投保单、保险单或者其他保险凭证上作出足以引起投保人注意的提示，并对该条款的内容以书面或者口头形式向投保人作出明确说明；未作提示或者明确说明的，该条款不产生效力。

裁判理由

情形一：保险公司提交的证据不足以证明其已就保险合同的中的

免责条款作出了足以引起投保人注意的提示，并对该条款的内容以书面或者口头形式向投保人作出明确说明，该免责条款对投保人不产生效力。保险公司的上诉理由不能成立，本院不予支持。

情形二：免责条款已用黑体字标注并区别于其他条款，投保人在投保人声明处盖章确认，应视为保险公司已履行免责条款的提示和明确说明义务。该免责条款并未违反法律、行政法规强制性规定，亦未免除侵权人的法定赔偿责任，当属合法有效。保险公司关于无需承担赔偿责任的上诉请求，有事实依据，本院予以支持。

（二）合同条款存在两种解释时，作出对被保险人有利的解释

《中华人民共和国保险法》

第三十条 采用保险人提供的格式条款订立的保险合同，保险人与投保人、被保险人或者受益人对合同条款有争议的，应当按照通常理解予以解释。对合同条款有两种以上解释的，人民法院或者仲裁机构应当作出有利于被保险人和受益人的解释。

裁判理由

保险公司以被保险机动车未按规定检验为由主张免责，而涉案机动车尚处于六年免予安全技术检验期内，被保险人仅系未在规定期限内向公安机关交通管理部门申请领取检验标志，该情形与被保险人未按规定对被保险机动车进行安全技术检验有所不同，而在对保险人提供的格式条款存在两种以上解释的情况下，人民法院应当作出有利于被保险人的解释。故保险公司关于其应当免除保险责任的主张不成立。

三、机动车所有人与使用人不是同一人时的责任承担

（一）因租赁、借用等情形机动车所有人与使用人不是同一人时，发生交通事故时的损害赔偿

裁判依据

《中华人民共和国民法典》

第一千二百零九条 因租赁、借用等情形机动车所有人、管理人与使用人不是同一人时，发生交通事故造成损害，属于该机动车一方责任的，由机动车使用人承担赔偿责任；机动车所有人、管理人对损害的发生有过错的，承担相应的赔偿责任。

《最高人民法院关于审理道路交通事故损害赔偿案件适用法律若干问题的解释》

第一条 机动车发生交通事故造成损害，机动车所有人或者管理人有下列情形之一，人民法院应当认定其对损害的发生有过错，并适用民法典第一千二百零九条的规定确定其相应的赔偿责任：

（一）知道或者应当知道机动车存在缺陷，且该缺陷是交通事故发生原因之一的；

（二）知道或者应当知道驾驶人无驾驶资格或者未取得相应驾驶资格的；

（三）知道或者应当知道驾驶人因饮酒、服用国家管制的精神药品或者麻醉药品，或者患有妨碍安全驾驶机动车的疾病等依法不能驾驶机动车的；

（四）其他应当认定机动车所有人或者管理人有过错的。

裁判理由

情形一：机动车所有人在将机动车出借给机动车使用人时已经知道机动车使用人存在饮酒行为，仍将车辆出借，明显具有主观过错，故其应在机动车使用人所负赔偿责任范围内向受害人承担相应的赔偿责任。

情形二：机动车所有人在将机动车出借给机动车使用人时已经知道机动车使用人无驾驶资格或者未取得相应驾驶资格，仍将车辆出借，明显具有主观过错，故其应在机动车使用人所负赔偿责任范围内向受害人承担相应的赔偿责任。

（二）未经允许驾驶他人机动车发生交通事故时的损害赔偿

裁判依据

《中华人民共和国民法典》

第一千二百一十二条 未经允许驾驶他人机动车，发生交通事故造成损害，属于该机动车一方责任的，由机动车使用人承担赔偿责任；机动车所有人、管理人对损害的发生有过错的，承担相应的赔偿责任，但是本章另有规定的除外。

裁判理由

机动车所有人将车辆停放在公共区域，且未将车辆钥匙带离该车辆，未对车辆尽妥善保管或管理的注意义务，其对肇事者擅自驾驶所造成的事故损害具有过错，应承担相应的赔偿责任。

（三）以挂靠形式从事道路运输经营活动的机动车发生交通事故时的损害赔偿

裁判依据

《中华人民共和国民法典》

第一千二百一十一条　以挂靠形式从事道路运输经营活动的机动车，发生交通事故造成损害，属于该机动车一方责任的，由挂靠人和被挂靠人承担连带责任。

裁判理由

涉案肇事车辆系以挂靠形式从事道路运输经营活动的营运车辆，根据《中华人民共和国民法典》第一千二百一十一条规定，被挂靠人应与挂靠人向受害人承担连带赔偿责任。

（四）已转让但未办理转移登记的机动车发生交通事故的损害赔偿

裁判依据

《中华人民共和国民法典》

第一千二百一十条　当事人之间已经以买卖或者其他方式转让并交付机动车但是未办理登记，发生交通事故造成损害，属于该机动车一方责任的，由受让人承担赔偿责任。

裁判理由

涉案肇事机动车虽然登记在出让人名下，但出让人已将该机动车转让并交付受让人，受让人亦向出让人支付了转让款，因此，在所涉交通事故发生时，出让人对肇事机动车既无运行支配权亦不享有运行利益，故应由受让人向受害人承担赔偿责任，受害人请求出让人向其承担连带赔偿责任于法无据，本院不予支持。

（五）用人单位的工作人员因执行工作驾驶机动车发生交通事故造成他人损害的损害赔偿

裁判依据

《中华人民共和国民法典》

第一千一百九十一条第一款 用人单位的工作人员因执行工作任务造成他人损害的，由用人单位承担侵权责任。用人单位承担侵权责任后，可以向有故意或者重大过失的工作人员追偿。

裁判理由

涉案机动车使用人系用人单位的工作人员，且涉案事故发生在执行工作任务中，根据《中华人民共和国民法典》第一千一百九十一条第一款的规定，用人单位应向受害人承担侵权责任。

第四节 庭审（调查）提问提纲

要素一：交通事故责任认定情况
公安机关交通管理部门是否出具交通事故认定书？
当事人对交通事故认定书有无提出异议，是否经过复核或提起诉讼？
当事人对交通事故认定书的责任分配提出异议的依据及证据是什么？
要素二：交强险情况
涉案机动车是否购买交强险？
事故是否发生在保险期间内？
是否存在交强险的免赔情形？
要素三：商业三者险情况
涉案机动车是否投保商业三者险？
事故是否发生在保险期间内？

续表

是否存在商业三者险的免赔情形？
保险人是否履行了免赔情形的提示、说明义务？
要素四：机动车使用人与机动车所有人不是同一人时的责任承担
是否存在机动车所有人与使用人不是同一人的情形？
要素五：受害人损失情况
受害人遭受人身损害，因就医治疗支出的各项费用以及因误工减少的收入的金额如何计算，包括医疗费、误工费、护理费、交通费、住宿费、住院伙食补助费、必要的营养费？
受害人因伤致残的，其因增加生活上需要所支出的必要费用以及因丧失劳动能力导致的收入损失的金额如何计算，包括残疾赔偿金、残疾辅助器具费、被扶养人生活费，以及因康复护理、继续治疗实际发生的必要的康复费、护理费、后续治疗费？
受害人死亡的，丧葬费、被扶养人生活费、死亡赔偿金以及受害人亲属办理丧葬事宜支出的交通费、住宿费和误工损失等其他合理费用的金额如何计算？

第五节　裁判文书模板

××××人民法院
民事判决书

（××××）……民终……号

上诉人（原审诉讼地位）：×××，……。

法定代理人/指定代理人/法定代表人/主要负责人：×××，……。

委托诉讼代理人：×××，……。

被上诉人（原审诉讼地位）：×××，……。

法定代理人/指定代理人/法定代表人/主要负责人：

×××，……。

　　委托诉讼代理人：×××，……。

　　原审原告/被告/第三人：×××，……。

　　法定代理人/指定代理人/法定代表人/主要负责人：×××，……。

　　委托诉讼代理人：×××，……。

　　（以上写明当事人和其他诉讼参加人的姓名或者名称等基本信息）。

　　上诉人×××因与被上诉人×××/上诉人×××及原审原告/被告/第三人×××机动车交通事故责任纠纷一案，不服××××人民法院（××××）……民初……号民事判决，向本院提起上诉。本院于××××年××月××日立案受理，依法组成合议庭审理了本案。本案现已审理终结。

　　×××上诉请求：……（写明上诉请求）。事实和理由：……（概述上诉人主张的事实和理由）。

　　×××辩称，……（概述被上诉人答辩意见）。

　　×××述称，……（概述原审原告/被告/第三人陈述意见）。

　　×××向一审法院起诉请求：……（写明原告/反诉原告/有独立请求权的第三人的诉讼请求）。

　　一审法院认定事实：……（概述一审认定的事实）。一审法院认为，……（概述一审裁判理由）。判决：……（写明一审判决主文）。

　　（情形一：）本院二审期间，各方当事人没有提交新证据。一审判决查明事实（详见一审判决书）清楚，本院予以确认。

　　（情形二：）本院二审期间，当事人提交了以下证据，用以证明……。当事人质证认为：……。

本院二审查明：

（要素一：）公安机关交通管理部门是否出具交通事故认定书？

（要素二：）涉案机动车是否购买交强险？是否存在交强险的免赔情形？

（要素三：）涉案机动车是否购买商业三者险？是否存在商业三者险的免赔情形？

（要素四：）是否存在机动车所有人与使用人不是同一人的情形？

（要素五：）受害人的伤残鉴定情况如何？

（要素六：）受害人的损失情况如何？

本院认为，本案系机动车交通事故责任纠纷，各方当事人的二审争议焦点为：一、……；二、……；三、……。（根据二审认定的案件事实和相关法律规定，对当事人的上诉请求进行分析评判，说明理由。）

（情形一：）综上所述，上诉人的上诉请求不能成立，应予驳回。一审判决认定事实清楚，适用法律正确，应予维持。依照《中华人民共和国民事诉讼法》第一百七十七条第一款第一项之规定，判决如下：

驳回上诉，维持原判。

二审案件受理费……元，由上诉人×××负担。

本判决为终审判决。

（情形二：）综上所述，上诉人的上诉请求成立，予以支持。依照《中华人民共和国×××法》第×条、《中华人民共和国民事诉讼法》第一百七十七条第一款第×项规定，判决如下：

一、撤销××××人民法院（××××）……民初……号民事判决；

二、……（写明改判内容）。

二审案件受理费……元，由……负担（写明当事人姓名或者名称、负担金额）。

本判决为终审判决。

（情形三：）综上所述，上诉人的上诉请求部分成立。依照《中华人民共和国×××法》第×条、《中华人民共和国民事诉讼法》第一百七十七条第一款第×项规定，判决如下：

一、维持××××人民法院（××××）……民初……号民事判决第×项；

二、撤销××××人民法院（××××）……民初……号民事判决第×项；

三、变更××××人民法院（××××）……民初……号民事判决第×项为……；

四、……（写明新增判项）。

一审案件受理费……元，由……负担（写明当事人姓名或者名称、负担金额）。二审案件受理费……元，由……负担（写明当事人姓名或者名称、负担金额）。

本判决为终审判决。

审　判　长　×××
审　判　员　×××
审　判　员　×××

××××年××月××日
（院印）

书　记　员　×××

第十四章
申请撤销劳动仲裁裁决案件

第一节 常见请求权基础

《中华人民共和国劳动争议调解仲裁法》（2007年12月29日公布 2008年5月1日施行）

第四十九条 用人单位有证据证明本法第四十七条规定的仲裁裁决有下列情形之一，可以自收到仲裁裁决书之日起三十日内向劳动争议仲裁委员会所在地的中级人民法院申请撤销裁决：

（一）适用法律、法规确有错误的；

（二）劳动争议仲裁委员会无管辖权的；

（三）违反法定程序的；

（四）裁决所根据的证据是伪造的；

（五）对方当事人隐瞒了足以影响公正裁决的证据的；

（六）仲裁员在仲裁该案时有索贿受贿、徇私舞弊、枉法裁决行为的。

人民法院经组成合议庭审查核实裁决有前款规定情形之一的，应当裁定撤销。

仲裁裁决被人民法院裁定撤销的，当事人可以自收到裁定书之日起十五日内就该劳动争议事项向人民法院提起诉讼。

第二节 基本要素事实

一、仲裁裁决是否属于终局裁决

关联规范

《中华人民共和国劳动争议调解仲裁法》

第四十七条 下列劳动争议，除本法另有规定的外，仲裁裁决为终局裁决，裁决书自作出之日起发生法律效力：

（一）追索劳动报酬、工伤医疗费、经济补偿或者赔偿金，不超过当地月最低工资标准十二个月金额的争议；

（二）因执行国家的劳动标准在工作时间、休息休假、社会保险等方面发生的争议。

《最高人民法院关于审理劳动争议案件适用法律问题的解释（一）》（法释〔2020〕26号 2020年12月29日公布 2021年1月1日施行）

第十九条 仲裁裁决书未载明该裁决为终局裁决或者非终局裁决，劳动者依据调解仲裁法第四十七条第一项规定，追索劳动报酬、工伤医疗费、经济补偿或者赔偿金，如果仲裁裁决涉及数项，每项确定的数额均不超过当地月最低工资标准十二个月金额的，应当按照终局裁决处理。

📖《**劳动人事争议仲裁办案规则**》（2017年5月8日公布　2017年7月1日施行）

　　第五十条　仲裁庭裁决案件时，申请人根据调解仲裁法第四十七条第（一）项规定，追索劳动报酬、工伤医疗费、经济补偿或者赔偿金，如果仲裁裁决涉及数项，对单项裁决数额不超过当地月最低工资标准十二个月金额的事项，应当适用终局裁决。

　　前款经济补偿包括《中华人民共和国劳动合同法》（以下简称劳动合同法）规定的竞业限制期限内给予的经济补偿、解除或者终止劳动合同的经济补偿等；赔偿金包括劳动合同法规定的未签订书面劳动合同第二倍工资、违法约定试用期的赔偿金、违法解除或者终止劳动合同的赔偿金等。

　　根据调解仲裁法第四十七条第（二）项的规定，因执行国家的劳动标准在工作时间、休息休假、社会保险等方面发生的争议，应当适用终局裁决。

　　仲裁庭裁决案件时，裁决内容同时涉及终局裁决和非终局裁决的，应当分别制作裁决书，并告知当事人相应的救济权利。

二、劳动争议仲裁委员会是否具有管辖权

关联规范

📖《**中华人民共和国劳动争议调解仲裁法**》

　　第二条　中华人民共和国境内的用人单位与劳动者发生的下列劳动争议，适用本法：

　　（一）因确认劳动关系发生的争议；

　　（二）因订立、履行、变更、解除和终止劳动合同发生的争议；

（三）因除名、辞退和辞职、离职发生的争议；

（四）因工作时间、休息休假、社会保险、福利、培训以及劳动保护发生的争议；

（五）因劳动报酬、工伤医疗费、经济补偿或者赔偿金等发生的争议；

（六）法律、法规规定的其他劳动争议。

第二十一条 劳动争议仲裁委员会负责管辖本区域内发生的劳动争议。

劳动争议由劳动合同履行地或者用人单位所在地的劳动争议仲裁委员会管辖。双方当事人分别向劳动合同履行地和用人单位所在地的劳动争议仲裁委员会申请仲裁的，由劳动合同履行地的劳动争议仲裁委员会管辖。

《中华人民共和国劳动法》（2018年12月29日修正）

第二条 在中华人民共和国境内的企业、个体经济组织（以下统称用人单位）和与之形成劳动关系的劳动者，适用本法。

国家机关、事业组织、社会团体和与之建立劳动合同关系的劳动者，依照本法执行。

《最高人民法院关于审理劳动争议案件适用法律问题的解释（一）》

第一条 劳动者与用人单位之间发生的下列纠纷，属于劳动争议，当事人不服劳动争议仲裁机构作出的裁决，依法提起诉讼的，人民法院应予受理：

（一）劳动者与用人单位在履行劳动合同过程中发生的纠纷；

（二）劳动者与用人单位之间没有订立书面劳动合同，但已形成劳动关系后发生的纠纷；

（三）劳动者与用人单位因劳动关系是否已经解除或者终止，以及应否支付解除或者终止劳动关系经济补偿金发生的纠纷；

（四）劳动者与用人单位解除或者终止劳动关系后，请求用人单位返还其收取的劳动合同定金、保证金、抵押金、抵押物发生的纠纷，或者办理劳动者的人事档案、社会保险关系等移转手续发生的纠纷；

（五）劳动者以用人单位未为其办理社会保险手续，且社会保险经办机构不能补办导致其无法享受社会保险待遇为由，要求用人单位赔偿损失发生的纠纷；

（六）劳动者退休后，与尚未参加社会保险统筹的原用人单位因追索养老金、医疗费、工伤保险待遇和其他社会保险待遇而发生的纠纷；

（七）劳动者因为工伤、职业病，请求用人单位依法给予工伤保险待遇发生的纠纷；

（八）劳动者依据劳动合同法第八十五条规定，要求用人单位支付加付赔偿金发生的纠纷；

（九）因企业自主进行改制发生的纠纷。

第二条 下列纠纷不属于劳动争议：

（一）劳动者请求社会保险经办机构发放社会保险金的纠纷；

（二）劳动者与用人单位因住房制度改革产生的公有住房转让纠纷；

（三）劳动者对劳动能力鉴定委员会的伤残等级鉴定结论或者对职业病诊断鉴定委员会的职业病诊断鉴定结论的异议纠纷；

（四）家庭或者个人与家政服务人员之间的纠纷；

（五）个体工匠与帮工、学徒之间的纠纷；

（六）农村承包经营户与受雇人之间的纠纷。

《劳动人事争议仲裁办案规则》

第二条 本规则适用下列争议的仲裁：

（一）企业、个体经济组织、民办非企业单位等组织与劳动者之间，以及机关、事业单位、社会团体与其建立劳动关系的劳动者之间，因确认劳动关系，订立、履行、变更、解除和终止劳动合同，工作时间、休息休假、社会保险、福利、培训以及劳动保护，劳动报酬、工伤医疗费、经济补偿或者赔偿金等发生的争议；

（二）实施公务员法的机关与聘任制公务员之间、参照公务员法管理的机关（单位）与聘任工作人员之间因履行聘任合同发生的争议；

（三）事业单位与其建立人事关系的工作人员之间因终止人事关系以及履行聘用合同发生的争议；

（四）社会团体与其建立人事关系的工作人员之间因终止人事关系以及履行聘用合同发生的争议；

（五）军队文职人员用人单位与聘用制文职人员之间因履行聘用合同发生的争议；

（六）法律、法规规定由劳动人事争议仲裁委员会（以下简称仲裁委员会）处理的其他争议。

第八条 劳动合同履行地为劳动者实际工作场所地，用人单位所在地为用人单位注册、登记地或者主要办事机构所在地。用人单位未经注册、登记的，其出资人、开办单位或者主管部门所在地为用人单位所在地。

双方当事人分别向劳动合同履行地和用人单位所在地的仲裁委员会申请仲裁的，由劳动合同履行地的仲裁委员会管辖。有多个劳动合同履行地的，由最先受理的仲裁委员会管辖。劳动合同履行地不明确的，由用人单位所在地的仲裁委员会管辖。

案件受理后，劳动合同履行地或者用人单位所在地发生变化的，不改变争议仲裁的管辖。

第九条 仲裁委员会发现已受理案件不属于其管辖范围的，应当移送至有管辖权的仲裁委员会，并书面通知当事人。

对上述移送案件，受移送的仲裁委员会应当依法受理。受移送的仲裁委员会认为移送的案件按照规定不属于其管辖，或者仲裁委员会之间因管辖争议协商不成的，应当报请共同的上一级仲裁委员会主管部门指定管辖。

第三十二条 仲裁委员会受理案件后，发现不应当受理的，除本规则第九条规定外，应当撤销案件，并自决定撤销案件后五日内，以决定书的形式通知当事人。

三、仲裁裁决是否存在违反法定程序的情形

关联规范

《中华人民共和国劳动争议调解仲裁法》

第三十条 劳动争议仲裁委员会受理仲裁申请后，应当在五日内将仲裁申请书副本送达被申请人。

被申请人收到仲裁申请书副本后，应当在十日内向劳动争议仲裁委员会提交答辩书。劳动争议仲裁委员会收到答辩书后，应当在五日内将答辩书副本送达申请人。被申请人未提交答辩书的，不影响仲裁程序的进行。

第三十一条 劳动争议仲裁委员会裁决劳动争议案件实行仲裁庭

制。仲裁庭由三名仲裁员组成，设首席仲裁员。简单劳动争议案件可以由一名仲裁员独任仲裁。

第三十二条　劳动争议仲裁委员会应当在受理仲裁申请之日起五日内将仲裁庭的组成情况书面通知当事人。

第三十三条　仲裁员有下列情形之一，应当回避，当事人也有权以口头或者书面方式提出回避申请：

（一）是本案当事人或者当事人、代理人的近亲属的；

（二）与本案有利害关系的；

（三）与本案当事人、代理人有其他关系，可能影响公正裁决的；

（四）私自会见当事人、代理人，或者接受当事人、代理人的请客送礼的。

劳动争议仲裁委员会对回避申请应当及时作出决定，并以口头或者书面方式通知当事人。

第三十五条　仲裁庭应当在开庭五日前，将开庭日期、地点书面通知双方当事人。当事人有正当理由的，可以在开庭三日前请求延期开庭。是否延期，由劳动争议仲裁委员会决定。

第三十八条　当事人在仲裁过程中有权进行质证和辩论。质证和辩论终结时，首席仲裁员或者独任仲裁员应当征询当事人的最后意见。

第四十条　仲裁庭应当将开庭情况记入笔录。当事人和其他仲裁参加人认为对自己陈述的记录有遗漏或者差错的，有权申请补正。如果不予补正，应当记录该申请。

笔录由仲裁员、记录人员、当事人和其他仲裁参加人签名或者盖章。

📖《劳动人事争议仲裁办案规则》

第十一条 当事人申请回避，应当在案件开庭审理前提出，并说明理由。回避事由在案件开庭审理后知晓的，也可以在庭审辩论终结前提出。

当事人在庭审辩论终结后提出回避申请的，不影响仲裁程序的进行。

仲裁委员会应当在回避申请提出的三日内，以口头或者书面形式作出决定。以口头形式作出的，应当记入笔录。

第十二条 仲裁员、记录人员是否回避，由仲裁委员会主任或者其委托的仲裁院负责人决定。仲裁委员会主任担任案件仲裁员是否回避，由仲裁委员会决定。

在回避决定作出前，被申请回避的人员应当暂停参与该案处理，但因案件需要采取紧急措施的除外。

第二十条 仲裁委员会送达仲裁文书必须有送达回证，由受送达人在送达回证上记明收到日期，并签名或者盖章。受送达人在送达回证上的签收日期为送达日期。

因企业停业等原因导致无法送达且劳动者一方在十人以上的，或者受送达人拒绝签收仲裁文书的，通过在受送达人住所留置、张贴仲裁文书，并采用拍照、录像等方式记录的，自留置、张贴之日起经过三日即视为送达，不受本条第一款的限制。

仲裁文书的送达方式，本规则未规定的，仲裁委员会可以参照民事诉讼关于送达方式的有关规定执行。

第四十四条 申请人在举证期限届满前可以提出增加或者变更仲裁请求；仲裁庭对申请人增加或者变更的仲裁请求审查后认为应当受理的，应当通知被申请人并给予答辩期，被申请人明确表示放弃答辩期的除外。

申请人在举证期限届满后提出增加或者变更仲裁请求的，应当另行申请仲裁。

第五十六条 争议案件符合下列情形之一的，可以简易处理：

（一）事实清楚、权利义务关系明确、争议不大的；

（二）标的额不超过本省、自治区、直辖市上年度职工年平均工资的；

（三）双方当事人同意简易处理的。

仲裁委员会决定简易处理的，可以指定一名仲裁员独任仲裁，并应当告知当事人。

第五十七条 争议案件有下列情形之一的，不得简易处理：

（一）涉及国家利益、社会公共利益的；

（二）有重大社会影响的；

（三）被申请人下落不明的；

（四）仲裁委员会认为不宜简易处理的。

第五十九条 简易处理的案件，仲裁庭可以用电话、短信、传真、电子邮件等简便方式送达仲裁文书，但送达调解书、裁决书除外。

以简便方式送达的开庭通知，未经当事人确认或者没有其他证据证明当事人已经收到的，仲裁庭不得按撤回仲裁申请处理或者缺席裁决。

第三节　主要争点问题说理

一、申请撤销劳动仲裁裁决的理由属于事实认定的情形

裁判依据

《中华人民共和国劳动争议调解仲裁法》

第四十九条　用人单位有证据证明本法第四十七条规定的仲裁裁决有下列情形之一，可以自收到仲裁裁决书之日起三十日内向劳动争议仲裁委员会所在地的中级人民法院申请撤销裁决：

（一）适用法律、法规确有错误的；

（二）劳动争议仲裁委员会无管辖权的；

（三）违反法定程序的；

（四）裁决所根据的证据是伪造的；

（五）对方当事人隐瞒了足以影响公正裁决的证据的；

（六）仲裁员在仲裁该案时有索贿受贿、徇私舞弊、枉法裁决行为的。

人民法院经组成合议庭审查核实裁决有前款规定情形之一的，应当裁定撤销。

仲裁裁决被人民法院裁定撤销的，当事人可以自收到裁定书之日起十五日内就该劳动争议事项向人民法院提起诉讼。

裁判理由

本案用人单位主张×××等问题，以上均属于事实认定问题，根据《中华人民共和国劳动争议调解仲裁法》第四十九条的规定，涉

及事实认定的可撤销仲裁裁决情形主要为该条第一款第四项、第五项规定的情形，即裁决所依据的证据是伪造的或者对方当事人隐瞒了足以影响公正裁决的证据。用人单位依法应当提供证据证明据以作出仲裁裁决的证据是伪造的，或者劳动者隐瞒了足以影响裁决认定该事实的相关证据，而本案用人单位并未提供证据证明上述两种情形存在。相关劳动仲裁裁决根据所查明的事实，裁令用人单位向劳动者支付×××，符合法律规定。本案不存在《中华人民共和国劳动争议调解仲裁法》第四十九条规定的人民法院可以撤销相关劳动仲裁裁决的情形。因此，用人单位关于撤销劳动仲裁裁决的申请应予以驳回。

二、工伤保险待遇属于一裁终局裁决范围

裁判依据

《中华人民共和国劳动争议调解仲裁法》

第四十七条 下列劳动争议，除本法另有规定的外，仲裁裁决为终局裁决，裁决书自作出之日起发生法律效力：

（一）追索劳动报酬、工伤医疗费、经济补偿或者赔偿金，不超过当地月最低工资标准十二个月金额的争议；

（二）因执行国家的劳动标准在工作时间、休息休假、社会保险等方面发生的争议。

裁判理由

本案中，用人单位主张劳动仲裁关于工伤保险待遇的各项裁决金额均已超过了当地月最低工资标准十二个月金额，故不应属于一裁终局范围。对此，本院认为，劳动者关于一次性工伤医疗补助金、住院伙食补助费等工伤保险待遇请求属于《中华人民共和国劳动争议调

解仲裁法》第四十七条第一款第二项规定的"因执行国家的劳动标准在社会保险方面发生的争议",故上述请求并不受当地月最低工资标准十二个月金额的限制,因此,仲裁裁决认定本案属于一裁终局并无不妥。用人单位提出的撤销仲裁裁决理由不符合法律规定,本院不予支持。

三、申请撤销仲裁裁决的案件,用人单位未预交案件受理费,应按自动撤回申请处理

裁判依据

📖《中华人民共和国民事诉讼法》(2021年12月24日修正 2022年1月1日施行)

第一百二十一条 当事人进行民事诉讼,应当按照规定交纳案件受理费。财产案件除交纳案件受理费外,并按照规定交纳其他诉讼费用。

当事人交纳诉讼费用确有困难的,可以按照规定向人民法院申请缓交、减交或者免交。

收取诉讼费用的办法另行制定。

📖《诉讼费用交纳办法》(2006年12月19日公布 2007年4月1日施行)

第二十二条 原告自接到人民法院交纳诉讼费用通知次日起7日内交纳案件受理费;反诉案件由提起反诉的当事人自提起反诉次日起7日内交纳案件受理费。

上诉案件的案件受理费由上诉人向人民法院提交上诉状时预交。双方当事人都提起上诉的,分别预交。上诉人在上诉期内未预交诉讼

费用的，人民法院应当通知其在 7 日内预交。

申请费由申请人在提出申请时或者在人民法院指定的期限内预交。

当事人逾期不交纳诉讼费用又未提出司法救助申请，或者申请司法救助未获批准，在人民法院指定期限内仍未交纳诉讼费用的，由人民法院依照有关规定处理。

《最高人民法院关于适用〈中华人民共和国民事诉讼法〉的解释》（2022 年 4 月 1 日修正 2022 年 4 月 10 日施行）

第二百一十三条 原告应当预交而未预交案件受理费，人民法院应当通知其预交，通知后仍不预交或者申请减、缓、免未获批准而仍不预交的，裁定按撤诉处理。

裁判理由

本院经审查认为，申请人用人单位在指定期限内既未预交案件受理费，也未向本院申请免交、减交或者缓交，依照《最高人民法院关于适用〈中华人民共和国民事诉讼法〉的解释》第二百一十三条的规定，应按申请人自动撤回申请处理。

四、申请撤销仲裁裁决的案件，劳动者亦不服该终局裁决，另行向人民法院起诉的情形

裁判依据

《中华人民共和国劳动争议调解仲裁法》

第四十八条 劳动者对本法第四十七条规定的仲裁裁决不服的，可以自收到仲裁裁决书之日起十五日内向人民法院提起诉讼。

第四十九条 用人单位有证据证明本法第四十七条规定的仲裁裁

决有下列情形之一，可以自收到仲裁裁决书之日起三十日内向劳动争议仲裁委员会所在地的中级人民法院申请撤销裁决：

（一）适用法律、法规确有错误的；

（二）劳动争议仲裁委员会无管辖权的；

（三）违反法定程序的；

（四）裁决所根据的证据是伪造的；

（五）对方当事人隐瞒了足以影响公正裁决的证据的；

（六）仲裁员在仲裁该案时有索贿受贿、徇私舞弊、枉法裁决行为的。

人民法院经组成合议庭审查核实裁决有前款规定情形之一的，应当裁定撤销。

仲裁裁决被人民法院裁定撤销的，当事人可以自收到裁定书之日起十五日内就该劳动争议事项向人民法院提起诉讼。

《中华人民共和国民事诉讼法》

第一百五十七条 裁定适用于下列范围：

（一）不予受理；

（二）对管辖权有异议的；

（三）驳回起诉；

（四）保全和先予执行；

（五）准许或者不准许撤诉；

（六）中止或者终结诉讼；

（七）补正判决书中的笔误；

（八）中止或者终结执行；

（九）撤销或者不予执行仲裁裁决；

（十）不予执行公证机关赋予强制执行效力的债权文书；

（十一）其他需要裁定解决的事项。

对前款第一项至第三项裁定，可以上诉。

裁定书应当写明裁定结果和作出该裁定的理由。裁定书由审判人员、书记员署名，加盖人民法院印章。口头裁定的，记入笔录。

《最高人民法院关于审理劳动争议案件适用法律问题的解释（一）》

第二十一条　劳动者依据调解仲裁法第四十八条规定向基层人民法院提起诉讼，用人单位依据调解仲裁法第四十九条规定向劳动争议仲裁机构所在地的中级人民法院申请撤销仲裁裁决的，中级人民法院应当不予受理；已经受理的，应当裁定驳回申请。

被人民法院驳回起诉或者劳动者撤诉的，用人单位可以自收到裁定书之日起三十日内，向劳动争议仲裁机构所在地的中级人民法院申请撤销仲裁裁决。

裁判理由

本案劳动者亦不服×××劳动仲裁裁决，已于××××年××月××日向××××人民法院提起诉讼，故本院对申请人用人单位提起的申请依法予以驳回。劳动者起诉后撤诉或被驳回起诉的，用人单位自收到裁定书之日起三十日内可以向劳动争议仲裁机构所在地的中级人民法院申请撤销仲裁裁决。

第四节　庭审（调查）提问提纲

要素一：适用法律法规确有错误的
在相关劳动仲裁裁决中是否存在适用法律、法规错误的情形？
要素二：劳动争议仲裁委员会无权管辖的
申请人对劳动仲裁委员会就相关案件的管辖权是否存在异议？
要素三：违反法定程序的
劳动仲裁委员会在相关案件的审理过程中是否存在违反法定程序的情形？
要素四：裁决所根据的证据是伪造的
申请人是否认为相关劳动仲裁裁决的主要证据存在伪造的情形？
要素五：对方当事人隐瞒了足以影响公正裁决的证据的
申请人是否认为对方当事人隐瞒了足以影响公正裁决的证据？
要素六：仲裁员在仲裁该案时有索贿受贿、徇私舞弊，枉法裁决行为的
申请人是否认为仲裁员在仲裁该案时存在索贿受贿、徇私舞弊、枉法裁决行为？

第五节　裁判文书模板

××××人民法院
民事裁定书

（××××）……民特……号

申请人：×××，……。

法定代表人：×××，……。

委托诉讼代理人：×××，……。

被申请人：×××，……。

第十四章　申请撤销劳动仲裁裁决案件

委托诉讼代理人：×××，……。

申请人×××公司于××××年××月××日向本院提出申请，请求撤销×××劳动人事争议仲裁委员会作出的×××号仲裁裁决。本院受理后，依法组成合议庭对上述仲裁裁决进行了审查，现已审查终结。

申请人×××公司申请称：……。

被申请人×××答辩称：……。

经审理查明：……。

本院认为，根据《中华人民共和国劳动争议调解仲裁法》第四十九条之规定，具有以下情形的，用人单位可以向法院申请撤销仲裁裁决：（一）适用法律、法规确有错误的；（二）劳动争议仲裁委员会无管辖权的；（三）违反法定程序的；（四）裁决所根据的证据是伪造的；（五）对方当事人隐瞒了足以影响公正裁决的证据的；（六）仲裁员在仲裁该案时有索贿受贿、徇私舞弊、枉法裁决行为的。

……。

（情形一：）综上，依照《中华人民共和国劳动争议调解仲裁法》第四十七条第×项规定，裁定如下：

驳回申请人×××公司的申请。

本案申请费人民币400元，由申请人×××公司负担。

（情形二：）综上，依照《中华人民共和国劳动争议调解仲裁法》第四十七条第×项、第四十九条规定，裁定如下：

撤销××劳动争议仲裁委员会（×××）……号裁决。

申请费……，由被申请人××负担。

当事人可以自收到裁定书之日起十五日内就该劳动争议事项向人民法院提起诉讼。

（情形三：）综上，依照《中华人民共和国劳动争议调解仲裁法》第四十七条第×项、第四十九条规定，裁定如下：

撤销××劳动争议仲裁委员会（×××）……号裁决第×项，即：……。

申请费……，由申请人××负担……元，由被申请人××负担……元。

当事人可以自收到裁定书之日起十五日内就该劳动争议事项向人民法院提起诉讼。

审　判　长　×××
审　判　员　×××
审　判　员　×××

××××年××月××日
（院印）
书　记　员　×××